Máximo Pradera (Madrid, 1958) no ha heredado la
mítica indolencia de su abuelo materno, fundador
de la Falange, letrista del *Cara al sol* y breve
ministro sin cartera en el segundo gobierno
de Franco, que lo destituyó por holgazán.
Tras estudiar Filología y Periodismo, Máximo
entró en el grupo de música antigua Atrium
Musicae. Cuando se cansó de afinar el laúd
cien veces al día fundó el equipo radiofónico
LoQueYoTeDiga, con el que obtuvo el Premio
Ondas Internacional de 1990. Ha sido guionista
de los programas televisivos *Viaje con nosotros*,
El peor programa de la semana y *La noche se mueve*.
Durante seis años presentó el magazine diario
Lo + Plus, por cuyo plató desfilaron importantes
figuras de la cultura contemporánea. En Sinfo Radio
ha dirigido el programa de música clásica *Ciclos*.
Ha escrito, entre otros, los libros *Este burdel
no es una ópera*, *¿De qué me suena eso?* y *Madrid
confidencial*, donde despelleja (políticamente) a
Ana Botella. Bajo el seudónimo de Joseph Gelinek
ha publicado las novelas de misterio musical
El violín del diablo, *La décima sinfonía* y *Morir a
los 27*. Actualmente colabora en los dos mejores
espacios de la radio española: *A vivir que son
dos días* y *Julia en la onda*. Trabaja ya en su cuarta
novela y cuando se cabrea publica airados
artículos *(gratis et amore)* en el*Huffington Post*.

TÓCALA OTRA VEZ, BACH

MÁXIMO PRADERA

TÓCALA OTRA VEZ, BACH

TODO LO QUE NECESITAS SABER
DE MÚSICA PARA LIGAR

MAL9ASO

BARCELONA   MÉXICO   BUENOS AIRES   NUEVA YORK

OBERTURA: POSTUREA, QUE ALGO QUEDA

Cuando Malpaso me planteó la posibilidad de escribir otro libro dedicado a mis incesantes devaneos con la música (en el año 2005 publiqué un ensayo de apreciación musical que lleva por título *De qué me suena eso*), contesté que con un semitratado sobre la materia era más que suficiente. Al poco tiempo, sin embargo, se me ocurrió que podía abordar el mismo tema desde una perspectiva radicalmente distinta. Acababa de entregar el manuscrito de *Madrid confidencial*, que habla mucho y mal del ínclito Gallardón y tenía muy fresco a tan siniestro personaje, sobrino bisnieto de Isaac Albéniz, que, a falta de una identidad propia, se construyó una ficticia donde la música le proporcionaba la pátina de distinción intelectual que su gigantesca vanidad tanto (y tan infructuosamente) anhelaba.

Sí, estaba decidido: escribiría un libro sobre la música «culta» como ornamento y barniz de la personalidad, un ensayo en el sentido más literal de la palabra, un breviario informal, a veces casi gamberro, sobre la música clásica convertida en instrumento para el posturео social. Y, por esa vía, también una modesta reflexión sobre las presunciones humanas.

Desde Diógenes el Cínico hasta hoy no han faltado censores de la pedantería, pero el rey contemporáneo de la burla contra la fatuidad cultural quizá sea Woody Allen. Su escarnio del dómine engolado sigue siendo uno los mejores gags de toda su filmografía. Recordemos la escena de *Annie Hall* por si alguien no la ha visto (ceguera imperdonable) o la ha olvidado (olvido improbable): Woody está con Annie en la cola de un cine y tienen detrás a un pelmazo que pontifica en voz alta sobre Federico

Fellini, una de las figuras que más admira. Su creciente indignación estalla cuando el sabihondo cita a Marshall McLuhan; entonces se dirige al espectador y consigue que el propio McLuhan aparezca como por arte de magia para dejar en evidencia al pedante: «¡Usted no sabe nada sobre mí, no sé cómo le dejan dar clase!».

También resulta entrañablemente ridículo el personaje de Joe en *Everybody Says I Love You* (interpretado por el propio Allen), que se aprende en una noche una monografía sobre Tintoretto para impresionar a Julia Roberts. El lector encontrará otros ejemplos de postureo cultural en *Hannah y sus hermanas* o *Sueños de seductor*.

La risa contra la ostentación ha dado lugar a deliciosas patrañas en, sin ir demasiado lejos, el campo de las artes plásticas. Recordemos, por ejemplo, a Nat Tate, un pintor abstracto, desdichado y suicida que en 1998 deslumbró a la crema de la intelectualidad neoyorquina durante una fiesta perversamente orquestada por William Boyd, David Bowie, Gore Vidal y John Richardson. Pero el camelo más sangriento y divertido tal vez sea el de Pierre Brassau, cuya obra fue expuesta en una galería de Gotemburgo allá por 1964. «Un pintor que actúa con la delicadeza de un bailarín, que acomete la pincelada con furiosa meticulosidad», escribió el gran crítico Rolf Anderberg. Ese delicado artista era un chimpancé de cuatro años.

El exhibicionismo es, como vemos, una tediosa dolencia que mortifica todos los territorios de la cultura, pero diría que en la música destaca por la virulencia de sus infecciones (o por el dolor que esas infecciones me producen). En el caso del rock o el pop, los *hipsters* más obstinados (y menos cautos) son capaces de jurar sobre los Evangelios que conocen a grupos ficticios. Durante un concierto de pop, cierta revista preguntó a los asistentes por artistas imaginarios. Con tal de no parecer unos ignorantes delante de su pandilla, algunos entrevistados dieron respuestas como «no puedo opinar mucho porque sólo he escuchado un par de canciones» o «están bien, pero no son de mi estilo».

Aquí vamos a ofrecer suficientes temas de conversación sobre música clásica para dejar atónitas a las víctimas potenciales de un seductor o seductora sin escrúpulos, pero también suministraremos la otra cara de la moneda, el antídoto contra la impostura intelectual en forma de preguntas tramposas para cazar a farsantes contumaces.

Por ejemplo: «¿Conoces a Petitchoux, el violinista enano de la corte de Luis XIV? ¡Tiene sonatas preciosas!».

Si el interrogado contesta que sí, ya sabremos que es un vulgar posturista porque ese músico de Luis XIV no componía sonatas sino óperas, no era enano sino calamitosamente torpe (murió de gangrena tras golpearse el pie con la barra de hierro que usaba para marcarle el compás a la orquesta) y no se llamaba Petitchoux sino Lully.

Si contesta que no, sabremos que es un individuo honesto interesado en la música como consuelo del alma o recreo del espíritu y no como herramienta de ostentación intelectual.

Ahora bien: dado que esta obra está llamada a convertirse en un *bestseller* atronador, también puede suceder que ambos cortejadores lleguen a la palestra con la lección bien aprendida y un perfecto dominio de las sinuosas técnicas que aquí desvelaremos por primera vez en la historia del fornicio. Si así fuera, se produciría un gran duelo de alardes soterrados, lo cual no deja de ser un buen estímulo para la concupiscencia, móvil de artimañas mucho más groseras que las expuestas en este compendio de sutilezas. La historia de la música, por otro lado, está plagada de desafíos, sobre todo entre virtuosos del teclado. Y así entramos en la primera ristra de anécdotas que cualquier perito en la seducción musical (o cualquier debelador de peritos) debe conocer al dedillo.

1.

DUELOS Y QUEBRANTOS

El más famoso de esos desafíos fue tal vez uno que ni siquiera llegó a realizarse porque uno de los duelistas ahuecó el ala antes de la batalla. (Aunque fuentes muy rigurosas aseguran que jamás tuvo lugar porque la historia misma es ficticia. Da lo mismo.) Ocurrió (o no) a comienzos del siglo XVIII en la corte de Augusto de Sajonia, un rey algo estrambótico, amante de las artes y con fama de forzudo, fama que él mismo acreditaba por el procedimiento de doblar herraduras en público.

Augusto el Fuerte contrató a un clavecinista francés llamado Louis Marchand, una auténtica *primadonna* que consiguió poner de los nervios a su maestro de capilla (o sea, a su director musical), otro francés llamado Jean Baptiste Volumier.

Como su fornido patrón estaba muy encaprichado con Marchand, plantear un órdago frontal era impensable so pena de despertar la cólera del monarca. El taimado Volumier urdió entonces una añagaza y convenció a Augusto de que organizara un duelo musical entre Marchand y otro insigne virtuoso del clavecín: Johann Sebastian Bach. No sabemos si Marchand espió los ensayos de Bach durante las horas previas al certamen, pero estaba claro que le iba a resultar imposible salir airoso de aquel trance y, cuando llegó la hora señalada, el francés simplemente no compareció. Para no afrontar la ignominia que conlleva toda deserción frente al enemigo, puso pies en polvorosa y regresó de inmediato a París. Mil kilómetros de más que penosa diligencia.

Bach, por su parte, recicló el duelo en concierto e hizo las delicias del público. O eso cuentan.

¿Cuáles solían ser las reglas de un duelo como aquél? Básicamente, los duelistas intercambiaban retos. Bach le habría dado a Marchand un tema para que éste improvisara y viceversa.

Un duelo que sí llegó al *showdown* (como decimos los jugadores de póker) fue el de Händel contra Scarlatti organizado en Roma por el cardenal Ottoboni. Acabó en empate porque Händel era mejor organista y su rival se daba más maña con el clavecín.

Mozart tuvo que medirse en Viena con Muzio Clementi y ganó por 2-1: el público dictaminó que estaban igualados en arte (es decir, en técnica), pero que Mozart desplegaba un gusto más exquisito.

El más formidable duelista del panteón clásico fue Ludwig van Beethoven, que derrotó, entre otros, al checo Joseph Gelinek, niño mimado de los salones vieneses a finales del XVIII. Mis intrigas musicales (*La Décima Sinfonía*, *El violín del diablo* y *Morir a los 27*) están firmadas con el seudónimo Joseph Gelinek porque me resultaba atractivo y en cierto modo irónico que el perdedor de aquel lance escribiera una novela sobre el genio de Bonn.

Cuando llegó a Viena, Beethoven ya era un talento musical extraordinario, pero la aristocracia vienesa no estaba dispuesta a tolerar que un paleto alemán se convirtiera en el amo de sus salones por el simple hecho de haber triunfado en unas cuantas *soirées* musicales. Gracias al testimonio de un músico de la época, Carl Czerny, conocemos el antes y el después de la gran contienda entre Gelinek y Beethoven. Czerny se cruzó con el checo la mañana del duelo y le dijo:

—He oído que esta tarde os enfrentáis a un tipo recién llegado de Bonn.

—Sí —respondió Gelinek—, ¡lo voy a triturar!

A la mañana siguiente, Czerny volvió a tropezar con la hasta entonces *vedette* indiscutible de la aristocracia local y le preguntó por el resultado de la competición:

—La de ayer fue una noche que no olvidaré fácilmente. Ese joven debe de haber pactado con el diablo. ¡Nunca he oído a nadie tocar de esa manera! Le facilité un tema y le juro que ni siquiera Mozart lograba improvisar con tanta maestría. Luego tocó varias de sus composiciones, que son maravillosas, ¡realmente fantásticas!, y demostró que domina efectos y técnicas de teclado con los que nosotros no podríamos ni soñar.

—Ya veo —dijo Czerny—. ¿Y cómo se llama ese prodigio?

—Es un sujeto bastante feo, achaparrado y negruzco con una personalidad de lo más agreste. Su nombre es Beethoven.

En el capítulo siguiente mostraremos argucias desaprensivamente gallardonianas para seducir con palique musical a la mismísima Julia Roberts.

2.
LA SEDUCCIÓN DE JULIA
Y LOS MODOS DEL HUMOR

¿Con qué opciones contamos? ¿Qué repertorio de alardes (musicales) tenemos a nuestra disposición? Pese a las homilías de los moralistas más recalcitrantes, es obvio que dineros son calidad, que el poderoso caballero ayuda notablemente al éxito de cualquier empresa, pero no todos los bolsillos se pueden permitir un *pretty woman* (o *man*) con la persona a la que queremos encandilar. Quiero decir, un *pretty woman* completo.

(Advertencia para los bolsillos que sí se lo pueden permitir: sed mesurados en la administración de vuestros envidiables recursos. La opulencia pedestre espantará a los más rectos y/o a los menos necios. Marx insinuaba que el matrimonio burgués es una forma de prostitución encubierta. Seguramente exageraba. Lo aconsejable, en cualquier caso, es mantener el velo corrido: quien vende su cuerpo al mejor postor en el mercado de las transacciones carnales debe mirarse en el espejo para contemplar un compendio de virtudes.)

Richard Gere mete a Julia Roberts en su avión privado y la lleva a San Francisco para escuchar *La traviata* desde un palco que cuesta 370 dólares por barba. ¡Que sí, que lo he mirado! Un *pretty woman* pata negra en la Ópera de San Francisco (marco incomparable donde los haya), cuesta eso: 370 dólares, unos 300 euros al cambio actual. ¿Quién puede costeárselo... con la que está cayendo?

(Observaréis que tampoco yo, fino estilista laureado por la crítica más exigente —excluido el feroz Arcadi—, soy inmune a los marcos incomparables, las precipitaciones y otros sintagmas huecos. A la primera oportunidad os endilgaré referentes emblemáticos.)

La buena noticia, sin embargo, es que hay otro sistema para impresionar a nuestra presa: revelarle arcanos de la ciencia musical que no haya oído ni en el *Clásicos Populares* de mi querido y fallecido amigo Fernando Argenta. Hondos misterios que no vienen en la Wikipedia, fuente de todos los saberes.

Para dejarla boquiabierta con lo que voy a contar es indispensable ver (y anunciar que se han visto) todas las conferencias dadas por Leonard Bernstein en la Universidad de Harvard durante el otoño de 1973, y eso, me consta, lo hemos hecho muy pocos degenerados.

En ese ciclo de charlas, Lenny (como lo llamábamos quienes teníamos más confianza con él) nos descubre, con una capacidad didáctica digna de los rabinos jebuseos (¿qué les parece la postura del adjetivo?), algunos de los hechizos ocultos entre las líneas de un pentagrama.

¿Por qué la música nos parece triste o incluso lúgubre en modo menor y alegre o reconfortante en modo mayor? ¿Por qué nos deprime el *Adagio para cuerdas* de Barber y nos venimos arriba con el *Tercer concierto de Brandenburgo* de Bach?

O llevado al pop, ¿por qué *Perfect Day*, de Lou Reed, nos deja un regusto melancólico a pesar de que la pareja ha bebido sangría en un parque y regresa feliz a casa? ¿Por qué *Walk on the Wild Side*, que describe personajes sórdidos y relaciones sexuales lastimosas, nos parece en cambio un tema marchoso y optimista?

Lo tétrico no es la sangría: *Perfect Day*, amigos míos, está en si bemol menor, mientras que *Walk on the Wild Side* está en do mayor. El *Adagio* de Barber también está en si bemol menor, y el tercer *Brandenburgo* está en sol mayor.

Sí, bien, ¿y entonces...? ¿Por qué percibimos que si bemol menor es triste y do mayor o sol mayor son alegres?

La respuesta reside en lo que se conoce como serie armónica, un concepto relacionado con las matemáticas, pero fácil de comprender para cualquier lerdo de letras si se lo explica un genio como Bernstein.

Las cuerdas de un piano o una guitarra (también las columnas de aire de un clarinete o un saxofón) vibran como un todo, pero simultáneamente también lo hacen sus partes proporcionales, que pueden expresarse como fracciones o cocientes de la unidad. Esa unidad suministra el timbre audible del sonido y las fracciones dan lugar a los armónicos complementarios: segundo, tercero, cuarto, etcétera.

Cuando pulso la tecla del do central en el piano, la cuerda empieza a moverse a una frecuencia de 261,626 hercios (vibraciones por segundo). Mientras la cuerda vibra como un todo, también vibran sus dos mitades (al doble de velocidad) produciendo por debajo un tenue sonido llamado armónico de octava (el intervalo de ocho grados entre dos notas). El quinto armónico es el más importante de la serie: se llama tercera mayor y es crucial para entender los modos mayor y menor, lo cual equivale a entender por qué hay música alegre y música triste.

Los armónicos se perciben de forma subconsciente porque los enmascara el sonido dominante, que es el de la fundamental, el de la cuerda o la columna de aire vibrando como una unidad. Por decirlo de otro modo: nuestro oído (o más bien nuestro cerebro) fusiona en un conjunto homogéneo todas las vibraciones parciales que produce una cuerda.

Mutatis mutandis, se trata de un fenómeno análogo al de la persistencia retiniana cuando vemos cine. Los fotogramas se proyectan sobre la pantalla a razón de 24 por segundo, pero nuestro ojo (o más bien nuestro cerebro) no registra una serie de imágenes estáticas, sino un continuo en movimiento. Siguiendo con las analogías, el cine sería una ilusión óptica y la música una ilusión sonora. Si tuviéramos un oído tan fino que lograra distinguir por separado todas las vibraciones de una cuerda, nos volveríamos locos.

Tanto en el caso del ojo como en el del oído, son las limitaciones de nuestros sentidos lo que nos permite disfrutar de una película o de un concierto. ¿Dirán por eso que la perfección mata el arte?

La cuerda vibra emitiendo decenas de sonidos diferentes, pero nosotros sólo percibimos uno. Que esos sonidos sean imperceptibles no significa, sin embargo, que sean meros fantasmas inactivos: están ahí sin cruzarse de brazos; refuerzan, matizan y dan cuerpo al sonido principal.

Si se me permite un ejemplo culinario (otra analogía), ¿qué hace el pan en el gazpacho salvo darle consistencia? El gazpacho no sabe a pan, pero sin pan sería un insulso jugo de tomate con pepino. Los armónicos, al igual que ese pan, sólo serían detectables si no estuvieran donde tienen que estar. (Como Sevilla. Tras una corrida en La Coruña, Rafael el Gallo decidió volver inmediatamente a su ciudad. «Quédese esta noche, maestro, que Sevilla está muy lejos» le dijeron unos aficionados. «Sevilla está donde tiene que estar, lo que está lejos es esto», respondió el torero.) La nota parecería más anémica e insustancial que un caldo de asilo.

Cuando la pieza está en modo menor, el compositor, el cocinero del guiso, está otorgando protagonismo a la tercera menor, el armónico 19, un ingrediente que, en principio, tiene muy poco valor dentro de la serie armónica. Ésta, al fin y al cabo, es el organigrama de una nota, la jerarquía de las vibraciones dentro de un sonido. Imaginemos la mancheta de un periódico:

CONSEJERO DELEGADO: la fundamental (el sonido que produce la cuerda vibrando como una unidad).

DIRECTOR GENERAL: la octava (el sonido que producen las dos mitades de la cuerda vibrando cada una por su lado).

DIRECTOR: la quinta (el sonido de los tercios).
DIRECTOR ADJUNTO: la segunda octava (el sonido de los cuartos).
SUBDIRECTOR: la tercera mayor (el sonido de los quintos).
Etcétera.

Como vemos en la mancheta de la nota, la tercera mayor ocupa un cargo muy significativo, tiene un puestazo y mucho poder. La tercera menor, en cambio, sería un simple redactor dentro del periódico ya que ocupa la plaza 19 del escalafón. Si el compositor decide componer en modo menor e incluir esa nota en los acordes de su pieza, creará un «conflicto de poder vibratorio» porque la tercera mayor se lleva a matar con la menor. Son muy disonantes. Cualquiera puede comprobarlo pulsando a la vez una tecla blanca del piano y la nota negra adyacente: aquello suena como el claxon de un automóvil.

El subdirector del periódico observa con fastidio cómo se le da más protagonismo a un simple redactor situado muy por debajo en la escala jerárquica. Eso desestabiliza la redacción: hay zozobra, inquietud, alarma y tensión.

Cuando se produce esa disonancia en una obra, nuestro cerebro detecta la anomalía, percibe que algo no va bien: advierte el conflicto vibratorio entre los armónicos hostiles y traduce esa hostilidad al lenguaje de la pesadumbre, la nostalgia, el desconsuelo y, a veces, como en el bolero *Toda una vida*, también la desesperación: para comprobarlo basta oír el «Erbarme dich, mein Gott» de la *Pasión según san Mateo* de Bach.

(«No me cansaría de decirte siempre, pero siempre, siempre, que eres en mi vida ansiedad, angustia y desesperación», cantaban Antonio Machín, los Panchos y Bing Crosby. Una letra escrita en modo menor puro y duro. Sin complejos.)

Las piezas compuestas en modo menor, desde el *Adagio* de Barber a la *Sinfonía número 40* de Mozart o (si hablamos de música «ligera») *Perfect Day* de Lou Reed y *Girl* de los Beatles, nos sumergen en la congoja o la melancolía porque nuestras neuronas convierten las pugnas vibratorias en emociones. Y con ellas surge la paradoja de la tristeza: ¿por qué nos gusta la música triste? ¿Qué clase de satisfacción nos proporciona? ¿Somos acaso masoquistas?

Tal vez sí. De acuerdo con uno de esos estudios donde se escanea el cerebro en busca de explicaciones fisiológicas para lo divino, lo humano y lo grotesco (a veces con resultados bastante peregrinos), el modo menor (como las anfetas o el tabaco) activa un área cerebral productora de dopamina, un neurotransmisor asociado a las sensaciones placenteras y/o al deseo de experimentarlas. De ser así, el estímulo adverso generaría una grata reacción defensiva. El bálsamo de la aflicción. Quizá no estemos muy lejos de ese papel terapéutico que Aristóteles asignó a la tragedia: la visión del espanto sería un remedio que purga el alma de sus tribulaciones. Un remedio patético.

Ya entregados al exhibicionismo más temerario, nada mejor que una estúpida cita en griego. «Di eleou kai phobou perainousa ten ton toiouton pathematon katharsin»; o sea, «a través de la piedad y el miedo se logra la purgación de esas emociones» (Aristóteles, *Poética*, capítulo 6). Pero andemos con pies de plomo antes de utilizar un recurso tan vil porque la catarsis no suele conducir al orgasmo.

Sea como fuere, el siguiente experimento tiene un valor extraordinario porque 1) se centra en la creación (no la recepción) de la música, 2) confirma punto por punto el argumento de este capítulo, 3) su empleo mostrará que estamos a la última en investigación científica y 4) dejará (por ello) pasmado al objeto de nuestras depredaciones. El informe correspondiente acaba de publicarse en *Scientific Reports* (enero de 2016, para más señas).

A doce pianistas de jazz (todos ellos profesionales) se les pidió que improvisaran inspirados por tres semblantes de la misma mujer: el primero risueño, el segundo neutro o ambiguo y el tercero lacrimógeno. ¿Qué sucedió? Sucedió lo que debía suceder a efectos de corroborar mis sabias palabras. Sin entrar en detalles: el 79,17 % de las piezas provocadas por la risa estaban en modo mayor y en modo menor el 68,75 de las compuestas a moco tendido. *Quod erat demostrandum.* También se halló una correlación entre los estados de ánimo y el número de notas por segundo, que, como es intuitivamente previsible, aumenta con la alegría y disminuye con la pena. Pero ésa es harina de otro costal: ahora no vamos a meternos en un nuevo jardín.

Soltarle este rollo al objeto de nuestros desvaríos tal vez no sea tan eficaz como llevarlo en un *jet* privado a la Ópera de San Francisco, pero es notablemente más barato. Y las larguezas aéreas de Richard Gere no nos las podemos permitir ni con la que está cayendo ni con la que caiga o deje de caer en el futuro.

3.

LA CENA FRIGIA

Este libro está pensado para que el lector (o lectora) se autoayude en un encuentro potencialmente amoroso donde quiera desplegar todos sus encantos intelectuales. Si se siguen al pie de la letra mis instrucciones, a la media hora de conversación habrá ocurrido uno de estos dos sucesos:

1) TOCATA: tu futuro *partenaire* sexual habrá olvidado lo feo (o fea) que eres, los muchos kilos que te sobran y lo mal vestido (o vestida) que vas porque tu desparpajo cultural se le habrá hecho irresistible

2) FUGA: tu acompañante (o contrincante) te dejará plantado (o plantada) en medio de la cena fallidamente romántica con la excusa de que debe salir un momento a llamar por teléfono porque hay mala cobertura dentro del local (o con cualquier otro pretexto igualmente estúpido; dicho de otro modo, te abandonarán en el acto o, para ser precisos, antes del acto) por ser un pedante insufrible.

Como quien no se arriesga no cruza la mar, como *audentis fortuna iuvat* (Virgilio díxit), etcétera, etcétera (no faltan frases trilladas para achuchar a los timoratos que bordean el abismo), animo al lector a seguir leyendo. Así aprenderá cómo se deslumbra hasta la ceguera usando reflexiones y comentarios sobre música clásica cuyo rendimiento ya ha sido probado por mí en muchas conquistas memorables.

En otras palabras, amigos míos: el postureo musical descrito en estas páginas me ha funcionado casi siempre. Ahora estoy a régimen y luzco un tipazo arrebatador, pero juro sobre la tumba de Beethoven que incluso con los diez o quince kilos de más

19

que me adornaban (muy visibles en la barriga y la papada), el tipo de coloquio aquí recomendado ha sido fructífero en un ochenta por ciento de las ocasiones.

Todo primer encuentro presumiblemente amoroso tiene tres fases bien definidas, cada una con sus peculiaridades y voluptuosidades: la precita, la cita y la poscita (haya habido o no refriega). La ostentación puede empezar perfectamente veinticuatro horas antes del encuentro con el envío por WhatsApp o correo electrónico de una pieza clásica acompañada de un breve texto donde arrojaremos una mentira razonablemente sabrosa como «anoche soñé que íbamos a un concierto». (¡Ojo con enviar archivos demasiado grandes que saturen el buzón del destinatario! Lo ideal sería un *link* a YouTube o Goear.) El mensaje puede expresar las ganas de estar juntos o el miedo a no estarlo nunca.

En este segundo caso, que me parece más original, la trola podría ser ésta: «He soñado que estábamos en un auditorio, pero en palcos distintos. Yo te hacía señas y tú no me veías. El concertista estaba tocando *Mille regretz*, una pesarosa canción de despedida. Era la tonada favorita del emperador Carlos V. Si quieres, mañana durante la cena te cuento por qué es tan triste».

En un buen corazón (mejor que el nuestro, desde luego), esto puede despertar el deseo de complacernos para mitigar nuestra pena. Es el principio. Pero no cantemos victoria porque corazones menos blandos pueden pensar lo siguiente: «¡Menudo coñazo es este tío! [o tía], en buena hora quedé con él [o ella] a cenar. Aún no nos hemos visto y ya me viene con sus agonías». Conviene detectar enseguida estas reacciones para contraatacar a las primeras de cambio. Calibremos bien la índole de nuestra presa antes de proseguir la acometida.

Si el mensaje provoca curiosidad, ella [o él] pinchará el *link*, escuchará la canción y responderá (por ejemplo): «¡Qué bonita! ¡Pero qué melancólica!, ¿no?». (A partir de aquí, y para evitar duplicaciones agotadoras, hablaré en femenino del sujeto deseado aunque las técnicas de alarde son válidas para ambos sexos.) A lo que nosotros responderemos que es tan melancólica porque está en modo frigio.

«No puedo contarte por WhatsApp qué es el modo frigio, pero ahí va una estrofa de la letra:

»Mil son los pesares por abandonaros
y alejarme de vuestro rostro amoroso.
Es tanto el duelo y tan amarga la pena
que en breve se verá cómo acaban mis días.»

El modo frigio (no frígido, ¡Dios nos libre!) me ha dado unos resultados asombrosos desde la adolescencia: puedo garantizar que si ella es una persona sensible y responde favorablemente al cebo de la canción, el encuentro sexual (incluso antes de la cena) está asegurado o, como se dice ahora, en la saca.

Tanto que, en una situación así, lo elegante sería renunciar a la jugada, como ocurre en el golf con las bolas demasiado fáciles. Si la bola está tan cerca del hoyo que es imposible fallarla, el contrario nos la dará como embocada sin obligarnos a ejecutar el golpe. En golf se dice que la bola está *dada*.

Opino que en el juego de la seducción hay que aplicar la misma regla de caballerosidad y *fair play*. Si el polvo está cantado, si, incluso antes de la primera cita, sabemos que tendrá lugar sí o sí, un verdadero *gentleman* renunciará a llevarse a la cama a la chica sabiendo que la pandilla que está al tanto de nuestra aventura dará la misma por consumada. Es conocida la anécdota (seguramente apócrifa) de la primera noche que Mario Cabré pasó con Ava Gardner. «¿Pero adónde vas?», preguntó ella cuando el torero se levantó de un brinco y empezó a vestir-se. «A contar que me he acostado con Ava Gardner», contestó él. Algunos, sin embargo, invierten los papeles.

Yo tengo varias amigas con las que no me he acostado ni me acostaré nunca porque *están dadas* (y porque soy un caballero a pesar de este libro). Ellas mismas me lo han dicho. No hace fal-ta que nos acostemos, ambos sabemos que estamos mental y mutuamente entregados

La cópula (como la alta literatura) está muy sobrevalorada: lo que de verdad alimenta el ego depredador es la rendición in-condicional (o, al menos, provisional) de la presa. El coito pro-piamente dicho no es más que un pretexto para el verdadero amante. De hecho, cuando quiero acostarme de verdad con una señora o señorita, la frase que más empleo es «a ver si que-damos un día de éstos para follar porque tengo muchas cosas que contarte». Jamás he fornicado (satisfactoriamente) con al-guien con quien no tenga también mucha necesidad de hablar, entre otras cosas porque yo soy del tipo amoroso poscoital. En las relaciones eróticas, los seres humanos nos dividimos en tres grandes grupos (si ustedes admiten una clasificación tan penosamente arbitraria como cualquier otra, admisión a todas luces improbable): precoitales, coitales y poscoitales. Los pri-meros disfrutan y dan lo mejor de sí mismos en el juego previo de la seducción. Los segundos son maestros de las técnicas amatorias, individuos capaces de convertir en un maravilloso ballet lo que a menudo tiende a ser un vulgar intercambio de fluidos. Los poscoitales somos quienes gozamos, sobre todo, con los cariñitos posteriores y con las delirantes (y muy since-ras) conversaciones que surgen entre los amantes cuando ya se han visto desnudos, están relajados y no tienen nada que de-mostrarse porque todo está irremediablemente demostrado.

Ahora bien, ¿qué ocurre si la chica no reacciona bien al mensa-je plañidero y contesta al primer WhatsApp con algo como: «¡Uf!

¡No tengo el cuerpo para aguantar monsergas tan tristes! He salido de una relación muy chunga y necesito que me animen».

Está claro que hemos metido la pata: hay que rectificar con rapidez sin renunciar por ello a las infinitas posibilidades de exhibicionismo que pone a nuestra disposición la música clásica. Llegados a esa comprometida tesitura se impone, pues, una réplica inmediata: «Tranquila, era sólo un sueño; olvidemos esa lúgubre canción. En música antigua hay composiciones muy luminosas. ¿Conoces la *Fantasía que contrahaze la harpa en la manera de Ludovico*?».

Si la chica no elogia esta segunda pieza, estamos perdidos. Tanto que yo aconsejaría una retirada digna y la llamaría para anular la cena alegando alguna excusa creíble: por ejemplo, que nos ha fulminado un rayo y estamos en coma.

—¡Ah!, ¿pero puedes hablar a pesar de tu estado?

—He pedido que me despertaran un momento sólo para llamarte. Enseguida vuelvo al coma. No sé cuánto tiempo me mantendrán así, nos vamos hablando, ¿vale?

Si, en cambio, responde positivamente con un «¡qué bonito!», habrá que preparar un par de cartuchos didáctico-deleitantes para potenciar el efecto de la música, píldoras de erudición que podremos soltar durante la cena o incluso de camino al restaurante si hemos pasado a recogerla.

Supongamos que la fantasía que le hemos linkado la noche anterior al encuentro ha tenido buena acogida. La podemos poner de nuevo en el coche (si vamos en coche) y fingir que estamos ligeramente obsesionados con la pieza. Muchas mujeres consideran atractivo un cierto grado (no patológico) de obsesión porque proporciona al hombre un aura de misterio. Las chicas son curiosas y exploradoras: alimentar su curiosidad dándoles motivos para la indagación no es nunca una mala política.

«¿Por qué está obsesionado con esta obra? ¿Qué le tortura el alma?», se preguntará.

«Es una pieza que tiene la luz y el aroma de la primavera sevillana», diremos nosotros.

¡Golpe magistral! Con esas palabras estamos insinuando que atesoramos los poderes y los secretos de la sinestesia, la capacidad (querida o no) de percibir sensaciones con sentidos ajenos a ellas. Un sinestésico puede, por ejemplo, oír colores, ver sonidos u oler texturas.

El postureo radica aquí en hacer creer a la cortejada que nuestra prodigiosa sensibilidad musical nos permite contemplar el atardecer a orillas del Guadalquivir o embriagarnos con la fragancia del azahar en el Barrio de Santa Cruz sin movernos de casa.

Para que la farsa sea redonda debemos acreditar cierto conocimiento de la pieza empleada como cebo, de modo que pongo a disposición del lector todos los datos relevantes sobre la *Fantasía que contrahaze la harpa*. Aviso, eso sí, de que en ningún caso se podrán utilizar simultáneamente: se trata de una escapada amorosa, no de una conferencia sobre la música renacentista. La bulimia cultural es tan perjudicial para la mente como la alimentaria para el cuerpo. Mucho cuidado con los atracones.

1) La obra está compuesta para vihuela, un instrumento de caja plana y cuerdas dobles (órdenes, en la jerga técnica) similar a la guitarra. Ésta era en el siglo XVI un instrumento tabernario que se usaba sobre todo para acompañar canciones. La aristocrática y cortesana vihuela, en cambio, servía para tocar en contrapunto; es decir, para sostener varias voces a la vez. La guitarra tenía entonces cuatro cuerdas dobles; la vihuela, seis.

La guitarra de doce cuerdas moderna fue muy popular en el folk de los sesenta y setenta y se oye con cierta frecuencia en los discos de grupos como Led Zeppelin, Yes o Supertramp. *Give a little bit* no sería lo mismo sin la sonoridad de esa guitarra. ¿Cuál es la diferencia entre el toque de Roger Hodgson en el siglo XX y el de Alonso Mudarra en el XVI? La docerola del folk/pop se rasguea con púa, mientras que la vihuela es un instrumento polifónico (permite interpretar varias melodías simultáneas) que se tañe con las uñas de los dedos. El vihuelista tiene que pulsar entre las dos cuerdas para puntear las notas. Ambos instrumentos se desafinan con suma facilidad: solía decirse que un vihuelista dedicaba la mitad de su vida a la afinación.

Si en el resto de Europa se imponía el laúd, un instrumento de origen árabe, en la Península Ibérica triunfaba la vihuela: tras la caída de Granada y ocho siglos de presunta reconquista, aquella España ultracatólica e inquisitorial enfrascada en la pureza de sangre rechazaba lo arábigo como la peste. El laúd renacentista y la vihuela tienen, sin embargo, sonoridades parecidas y repertorios intercambiables: todo lo compuesto para laúd a lo largo de varios siglos se puede tocar con la vihuela sin alterar ni una corchea (y viceversa). La vihuela no es la antecesora de la guitarra: ambas son hijas de un instrumento más antiguo, la guitarra latina, que procede a su vez de la cítara griega.

2) Alonso Mudarra fue durante años el canónigo de la catedral de Sevilla encargado de dirigir las ceremonias musicales en el templo. Era vihuelista, había viajado a Italia con el séquito de Carlos V y, cuando falleció, repartió su apreciable fortuna entre los pobres.

3) La pieza suena a ratos tan andaluza (o, para ser precisos, tan aflamencada) porque hace uso del tetracordo frigio descendente. ¿Que cómo suena eso? Pues suena como la bajada melódica que notamos en este pasaje de la canción *¡Ay, Carmela!*:

El Ejército del Ebro [...]
una noche el río pasó,
¡ay, Carmela!, ¡ay, Carmela!

En el Renacimiento, las escalas se llamaban modos y los modos se construían ensamblando dos combinaciones similares de cuatro notas que funcionaban como tramos de escalera. Lo que daba su personalidad a un modo no era el número de notas (todos tenían ocho), sino la distancia que había entre ellas de acuerdo con la posición numérica en la escala. En el modo frigio (que está construido con dos tramos de escalera o tetracordos: MI-FA-SOL-LA + SI-DO-RE-MI), lo importante, lo que proporciona al sonido su relieve alegre o triste, andaluz o no, es el hecho de que hay sólo medio tono (un semitono, la distancia más pequeña posible entre dos notas en la escala occidental) entre los peldaños primero y segundo de la escalera y otro medio entre el quinto y el sexto. Dada su inconfundible cadencia, el modo frigio es también conocido como escala andaluza o flamenca.

Si uno va al piano y empieza a juguetear con las notas del primer tetracordo, enseguida le vendrá a la mente el *Zorongo gitano* de García Lorca o el comienzo de *El paño moruno* de Falla.

4) En la parte final, Mudarra introduce diversos cromatismos (disonancias con fines expresivos u ornamentales) y, como sabe que el público de la época los podía tomar por errores de composición, en la partitura se apresura a aclarar posibles confusiones: «Desde aquí fasta açerca del final ay algunas falsas, tañéndose bien no pareçen mal».

«Tañéndose bien» significa, en este caso, tocadas con un tempo rápido para que pasen pronto. El vihuelista recorre un trecho de brasas incandescentes con los pies descalzos y debe correr para no achicharrarse.

«Por supuesto —concluiremos—, sólo debes escuchar esta pieza en las versiones del austriaco Konrad Ragossnig o del británico Julian Bream.»

La música clásica, amigos míos, es un mundo de versiones, pero los secretos de las mejores variantes serán desvelados en el siguiente capítulo.

4.

VERSIÓN ORIGINAL SUBTITULADA

Si el cinéfilo delicado y riguroso (o fastidioso) exige las películas en versión original, el melómano implacable (o quien pretende serlo) sólo admite las versiones verdaderamente originales. Lo cual no implica que estén proscritos ciertos doblajes más o menos subrepticios.

Me explico: las orquestas con las que graban los solistas se contratan por horas o por días, son caras y están muy solicitadas, como los buenos hoteles en temporada alta. De la misma manera que el huésped tendría difícil prolongar su estancia en un hotel lleno, muchos músicos no pueden rematar una grabación malograda cuando la orquesta ya ha adquirido otros compromisos. Si hablamos de megaestrellas, también es cierto el caso inverso: el divo tiene la agenda tan apretada que, incluso estando la orquesta a su entera disposición, es incapaz de seguir trabajando ni un minuto más. «¡Dentro de 24 horas canto en la Ópera de Sídney y necesito dormir al menos ocho para tener la voz a punto!», podría decir el Plácido Domingo de turno.

Las versiones dobladas o tuneadas son de dos tipos: trasplantes y autotrasplantes. Es famoso el caso de un tenor español que estuvo toda una mañana intentando obtener el espeluznante do que señorea la *cabaletta* «In questa pira» en *Il trovatore* de Giuseppe Verdi: como no logró emitir uno en condiciones, se vio obligado a abandonar la grabación para atender compromisos urgentes. Semanas más tarde, cuando por fin llegó un remanso de paz a su agitada vida, grabó el do en la ciudad donde se hallaba y envió el archivo de audio a la casa de discos para que ésta sustituyera la diabólica nota fallida.

Nadie notó nada. Los editores digitales son hoy de tal precisión que un estudio podría reemplazar la voz de la Pantoja por la de Montserrat Caballé sin que el oyente advierta el cambiazo. La gente diría: «¡Ay que ver lo bien que imita Isabel Pantoja a la Caballé!».

Más reprochable y descarado es el caso de un pianista ruso que no consiguió ejecutar cierto pasaje en un concierto de Chopin. La solución fue un corta y pega con el disco de otro intérprete, fullería quirúrgica que casi nadie ha detectado hasta ahora.

La modalidad menos fea de autotrasplante (pese a ello, un timo imperdonable) se produce en las piezas que llevan doble barra de repetición (la inmensa mayoría) y consiste en grabar la primera toma para hacer un corta y pega con la segunda. La mayoría de las casas discográficas no admiten el fraude por muy pesado que se ponga el intérprete: «¡Coged la primera toma, que ha quedado muy bien, y repetidla, que me quiero ir ya a casa!».

Esta práctica es censurable porque, en música, repetición no es sinónimo de clonación. Durante el Barroco, por ejemplo, la primera ejecución era el «momento del compositor» y la segunda, «el momento del intérprete». Cuando cantaba un aria con estructura A-B-A, el castrado Farinelli, por citar a un virtuoso de la época, procuraba no sobrecargarla de gorgoritos en el primer A para que las ideas musicales, despojadas de todo oropel sonoro, fueran más inteligibles. En la repetición (segundo A) se desquitaba ante el auditorio adornando la melodía con todo tipo de trinos, mordentes y *portamenti*. Así se convertía en la estrella más rutilante del concierto.

Clonar el ritornelo implica, además, una falta de inquietud artística de tal calibre que debería llevar al intérprete a reconsiderar su decisión de consagrarse a la música. Cuando un músico opta por ejecutar un adagio (por poner un ejemplo) de determinada manera, no está haciendo sólo una elección positiva:

también está descartando otros modos posibles de tocar las mismas notas, modos que pueden llegar a gustarle casi tanto como el finalmente elegido. Como cuando en una zapatería escogemos un par de zapatos aunque nos gusten varios para no parecer Imelda Marcos, la primerísima dama de Filipinas que acumulaba mil pares (tirando a espantosos).

La repetición le ofrece al artista la oportunidad de probar nuevas opciones, que pueden ir desde un pequeño cambio en el tempo a una variación de la dinámica o a nuevos matices en la articulación (el modo preciso como el intérprete conecta y agrupa las notas). Renunciar a la posibilidad de llevarse a casa dos pares de zapatos es como automutilarse.

En el proceloso mundo de la versión doblada merece mención aparte y sobresaliente *cum laude* el caso de Joyce Hatto, una mediocre pianista británica que se retiró de los escenarios a mediados de los 70 debido al pánico escénico. Una alumna suya cuenta que en su último concierto se desmayó sonoramente sobre el teclado tras un ataque de ansiedad salvaje. La señora Hatto no volvió a actuar en público, pero en el año 2002 empezó a desplegar una actividad fonográfica digna de una ambiciosa veinteañera (pese al cáncer de ovarios que le habían diagnosticado). El marido, un productor discográfico de dudosa reputación, explicó a la prensa especializada que Hatto tenía tan reducida la movilidad que se veía obligada a grabar los discos a domicilio, concretamente en un cobertizo de madera ubicado en el jardín de la vivienda. Para las grabaciones orquestales, Hatto se desplazaba con ímprobos esfuerzos hasta una iglesia cercana donde se reunía con los músicos. La prensa especializada y la tropa melómana se encandilaron de tal modo con aquel camelo heroico que lo compraron sin hacerse preguntas incómodas. Creyeron incluso que, poco antes de morir, Hatto había logrado grabar (sentada en una silla de ruedas) la sonata *Los adioses* de Beethoven, cuyo último movimiento es una auténtica pesadilla técnica. No sólo los aficionados entonaron loas ensalzando a una ancianita cancerosa que grababa discos excelsos: los críticos de revistas tan exigentes como *Gramophone* opinaron que aquella dama era una artista sublime, una creadora extraordinaria: la pianista británica más grande de la historia. Nada menos.

El tongo se descubrió por azar cuando un neoyorquino que acababa de recibir los *Estudios trascendentales* de Liszt en la versión de la señora Hatto advirtió que Gracenote, la base de datos interactiva de iTunes, atribuía la grabación de la venerada moribunda a un oscuro pianista húngaro llamado László Simon. Con la mosca detrás de la oreja, el desconfiado sabueso habló con un importante crítico musical que llevaba años deshaciéndose en elogios hacia la sensacional intérprete. Éste recurrió a un especialista en restauración digital de audio: el restaurador determinó que muchas de las piezas contenidas en la grabación de Liszt habían sido pirateadas de un disco publicado por el sello sueco BIS. Tras esta primera superchería fueron descubiertas muchas otras: la lista de artistas saqueados pasa del centenar e incluye nombres tan ilustres (en las grabaciones con orquesta) como los de Bernard Haitink, Essa Pekka-Salonen o André Previn, un ex de Mia Farrow.

Este fraude es tal vez el más importante (o, al menos, voluminoso) en la historia de la música clásica, pero el marido de Hatto no fue demandado. El bueno de Robert von Bahr, director de BIS, descartó el pleito alegando dos motivos fundamentales: por un lado, creyó la explicación de William Barrington-Coupe, alias Barrie, el hábil consorte que montó la tramoya «por amor y sin ánimo de lucro»; por otro, pensó que el escándalo, muy sonado en el Reino Unido, podría beneficiar la carrera de los artistas que grababan en su sello, algunos de ellos perfectos desconocidos.

Como curiosidad diré que conocí a Von Bahr en 1980, cuando yo tenía 22 años y tocaba el laúd y la vihuela en un grupo de música antigua (entonces bastante célebre) llamado Atrium Musicae. Con Robert, un tipo de gran sensibilidad musical que ejerce siempre como ingeniero de sonido en su propio sello, grabamos uno de los pocos discos de Atrium que aún pueden encontrarse hoy en día: *La Spagna: una melodía a lo largo de tres siglos.* Mi solo es una españoleta de Gaspar Sanz y se puede escuchar de balde en Spotify.

¡Maldita sea mi suerte! Si hubiera tocado el piano en lugar de la vihuela, ahora tendría un rincón asegurado en el olimpo musical gracias a BIS y, sobre todo, a la ínclita Joyce Hatto.

Uno de los intérpretes desvalijados fue el pianista Miguel Baselga, con quien colaboro habitualmente en conferencias-concierto. Baselga estaba feliz de que el *affaire* Hatto hubiera puesto en evidencia la arbitrariedad (por no decir estupidez) de un crítico estadounidense que había alabado hasta la náusea la versión grabada por Hatto de una obra de Falla titulada *Pour le tombeau de Paul Dukas* y había denigrado la de Baselga. Pues bien: se trataba de la misma versión ligeramente alterada en tempo y sonoridad por Barrie.

Las sutiles alteraciones de las grabaciones originales eran el fuerte de Barrie, que consiguió de ese modo despistar a todo el mundo. En el breve documental *The Great Piano Scam* [La gran estafa del piano], que puede verse en YouTube, el marido de la señora (muerto en 2014) sigue insistiendo, a preguntas de un periodista, en que él se limitó a sustituir pequeños fragmentos cuando los gemidos de aquella pobre mujer martirizada por el cáncer interferían en la grabación. «¡Jamás pirateé piezas enteras!» La eximente de Barrie (una mentira podrida como confirman los programas de detección de audio) es que habría sido una pena negarle al mundo una sonata de Beethoven bordada de forma magistral sólo porque, durante breves segundos, se hubieran colado en ella unas cuantas quejas involuntarias. La gran pregunta que se quedará sin respuesta para siempre (ambos cónyuges han fallecido) es si Joyce Hatto sabía que su marido estaba poniendo en circulación discos con su nombre grabados por otros artistas. Barrie siempre dijo que Hatto lo ignoraba, pero los mal pensados opinan que el gran engaño fue una espectacular venganza de la pianista contra los críticos que la ningunearon cruelmente durante los años en que padeció sus juicios.

Si alguien pensaba que los millis y vanillis de este mundo eran una exclusiva del pop, lamento desengañarlo. ¡De eso nada! La música clásica esconde fraudes mucho más aparatosos y misterios mucho más profundos que cualquier tingladillo moderno. El deseo de ser original a cualquier precio no es patrimonio exclusivo de esos grupos que sólo parecen interesados en tener el nombre más raro del pueblo.

5.

QUE SUENE DISTINTO:
INSTRUCCIONES PARA DAR LA NOTA

La forma más cutre (o más penosa) de la originalidad es dejarla recluida en la carátula del disco mientras el interior suena a lo de siempre. Con «lo de siempre» aludo a una música que no se distingue en nada de las interpretaciones anteriores. ¿De qué sirve grabar las *Variaciones Goldberg*, por ejemplo, si uno va a sonar exactamente igual que Gould o Schiff? Y a la inversa (aquí viene la contrapartida), ¿es legítimo e intelectualmente honesto abordar la grabación de una pieza con el único criterio de que debe sonar diferente por narices? El pianista canadiense Glenn Gould solía hacerlo así. Antes de sacar un nuevo disco escuchaba las principales versiones disponibles, aguzaba el oído e ideaba una fórmula sonora radicalmente distinta de todo lo que se había intentado hasta entonces. Lo importante era llamar la atención, no servir al compositor, un vicio que también abunda en ámbitos de la comunicación (o incomunicación) humana como la publicidad y la política. ¿Qué sentido tiene anunciar un coche por la tele con un mico y una ballesta o con un pingüino dinamitero si no es el simple «atrevimiento» (ahora conocido como *transgresión*) de haberlo hecho? ¿Por qué un político se presenta desnudo en un cartel electoral, baila la jota o besa en los morros a un colega si no es para que el elector se fije en el mensajero de un mensaje tal vez inexistente?

En el caso de Gould, el ansia casi enfermiza por sonar distinto lo llevó en algunos casos a aciertos luminosos y en otros a inaguantables caprichos antimusicales. El maestro de Miguel Baselga, Eduardo del Pueyo, solía referirse a él como «ese pianista que toca algunas cosas muy bien y muchas muy mal». Sea como fuere, el criterio de que sea el afán por separarse del esti-

34

lo de otros artistas lo que guíe el modo de abordar una interpretación choca frontalmente con lo que sostiene el no menos genial Alfred Brendel: «Si pertenezco a una tradición es a aquélla en que la obra le dice al intérprete lo que debe o no debe hacer, no a aquélla en que el intérprete le dice a la obra cómo debería ser o al compositor cómo debería haberla escrito».

Gould quería ser tan estupendo en los discos como en los conciertos. En 1962, por ejemplo, obligó a su amigo y protector Leonard Bernstein, que lo había acogido con los brazos abiertos cuando llegó a Nueva York desde Toronto, a interpretar el *Concierto número 1 para piano* de Brahms a un tempo tan lento que Bernstein no lo pudo justificar de manera objetiva. El director de la Filarmónica de Nueva York, que no deseaba enemistarse con su ahijado artístico, leyó un famoso comunicado que el lector puede consultar completo en la Wikipedia. Allí venía a decir que la interpretación de Gould se apartaba tanto de las indicaciones anotadas por Brahms en la partitura que la única razón para seguirlo por ese azaroso camino era lo que el director Dimitri Mitrópoulos llamaba «espíritu aventurero».

Ni que decir tiene que la crítica más sesuda (o menos aventurera) vapuleó a Gould sin piedad, pero también a Bernstein por haberlo elegido para interpretar el concierto.

No todos los directores son tan complacientes con los solistas pese a que en el mundo de la música clásica hay una norma no escrita según la cual el tempo lo eligen éstos. El solista tiene libertad absoluta en la *cadenza*, el solo donde, completamente liberado de la orquesta, da rienda suelta a su virtuosismo y despliega sus fuegos de artificio. Pero sólo dispone de un tiempo limitado durante el concierto porque los instrumentistas de viento, por ejemplo, no podrían tocar (ni con su mejor voluntad) tan deprisa como un pianista. Quien, para su lucimiento personal, quisiera tocar el *Concierto en sol* de Ravel a velocidad vertiginosa se encontraría con la oposición no sólo del director, sino también de los trompetistas, los oboístas y los fagotistas, que protestarían indignados por la asfixia de esas celeridades.

Bernstein fue, como decía, muy tolerante con Glenn Gould, pero otro director no menos egregio, el rumano Sergiu Celibidache, tuvo un encontronazo tan fuerte con la violinista Anne-Sophie Mutter por una discrepancia en el tempo que la joven virtuosa tuvo que envainar su instrumento y marcharse a casa antes de que concluyeran los ensayos. La pieza en disputa era el *Concierto para violín* de Sibelius y el conflicto (no ha trascendido quién quería tocar más rápido) acabó sometido al arbitrio del comité de empresa de la Orquesta Filarmónica de Múnich, que iba a acompañar a la diva. Todo fue en vano. La niña bonita de Herbert von Karajan perdió el combate contra Celibidache, quien desde entonces se ensañó con ella repitiendo sin descanso que tocaba el violín «como una gallina». No podemos excluir del todo que la ira entonces desatada se debiera al hecho de que aquella jovencita era la protegida de Von Karajan, a quien el rumano detestaba no muy cordialmente. «Su gran talento no ha servido para nada a la música. Tenía poco de músico y mucho de ministro. Uno de sus contratos en Japón incluía una cláusula para visitar al emperador y en otro pedía seis motocicletas y dos coches; para vomitar», declaró en cierta ocasión. Cuando un periodista le recordó que Karajan era conocido en todo el mundo, Celibidache exclamó: «¡También la Coca-Cola!».

El famoso director rumano y yo no compartimos el talento artístico (si así fuera, yo no habría acabado en la tele, sino en una orquesta sinfónica), pero sí tenemos en común una rara cualidad que puede agotar las paciencias más santas e inagotables. Como Obélix, ambos nos caímos de pequeños en una marmita mágica cuya pócima, sin embargo, no nos ha dado una fuerza sobrehumana, sino una ilimitada destreza para tocar los cojones al prójimo incluso cuando no queremos hacerlo. Imagínense lo que sucede cuando sí queremos. Eduardo del Pueyo habría dicho que a menudo toco demasiado bien aquello que no debería tocar en absoluto.

6.

A PASO RÚSTICO (O NO)

«¿Qué versión debo comprar», suelen preguntar los neófitos que se inician en los arcanos de la música clásica. La cuestión es peliaguda ya que hay obras con más de cien versiones en el mercado. En general, es más *hipster* tener muchas versiones de pocas obras que una sola de muchas. Llegar a casa y enseñarle a tu nueva conquista la colección de cedés al grito de «¡mira, todo Brahms!» es propio de catetos o, como mínimo, de párvulos. Dártelas de gurmé mostrando diez versiones de su *Quinteto para clarinete* te da un nivel exquisitamente gallardoniano. Lo he contado alguna vez, pero no me importa hurgar en la herida. Alberto Ruiz-Gallardón, que sabe de música tanto como de física cuántica o de alta política (la baja no tiene secretos para él), pretendía ser un gran degustador y, cuando te invitaba a su casa, te enseñaba una gigantesca estantería de nobilísima madera donde atesoraba su inestimable colección de cedés. (Empleo el pretérito imperfecto porque tal vez se le hayan pasado las ganas de degustar.) Presumía de tener las más recónditas versiones de las obras que le gustaban, aunque casi todas las cajas que vi en su casa estaban aún envueltas en papel celofán. Seguramente degustaba envoltorios.

Cuanto más rara es la obra y más versiones tienes de ella, más entiendes de música. No es lo mismo poseer veinte versiones de la *Quinta* de Beethoven que del *Concierto para timbales* de William Kraft. ¿Por qué las versiones son más *cool* que las discografías completas? Porque la discografía puede haber llegado a tu casa acompañando a *La Razón* (que no es precisamente el paradigma de lo *cool*), mientras que el ramillete de versiones implica un esfuerzo de coleccionista obsesivo, minucioso y conocedor del terreno que pisa. Es evidente que si tu oído distingue los sutiles matices que separan a Richard Stoltzman de Sabine Meyer en el *Quinteto para clarinete* de Brahms, tienes que controlar «cantidá».

La elección de una determinada versión depende de muchos factores, pero opino que uno de las más importantes es si te gustan los tempos rápidos o lentos. El pianista pirateado Miguel Baselga me contaba que el crítico que lo crucificó (Harold C. Schonberg) le reprochaba haber escogido un tempo demasiado lento. Y además hacía mofa y befa de Baselga (un pianista muy competente que suele caracterizarse por tempos rápidos) ridiculizándolo por dárselas de intenso: «Baselga debe de creer que por tocar una pieza más lento de lo normal va a parecer más sensible que sus competidores».

A veces, ni el propio compositor sabe cuál es el tempo adecuado para su obra. La música nace en ocasiones con un «tempo provisional» que luego se altera. Tal es el caso del movimiento central en la *Rhapsody in blue* de George Gershwin, el conmovedor adagio que sonó en el funeral del propio compositor. Ira Gershwin, el hermano letrista del genio de Brooklyn, cuenta que escuchó a su hermano tocar la melodía al piano, pero al doble de tempo, como si fuera un animado *ragtime*, y que le dijo: «No funciona. Prueba a tocarla a la mitad de velocidad». Gracias a la perspicaz observación de su hermano nació uno de los momentos musicales más emocionantes y melancólicos del siglo XX. El recientemente fallecido George Martin, «el quinto beatle», indicó a los cuatro de Liverpool que tocaran *Please, Please Me* más rápido y convirtió una balada plasta a lo Roy Orbison en el primer gran éxito del grupo.

Incluso cuando el compositor coloca una indicación metronómica en la partitura (bien sea verbal —*andante con moto* o *allegro con spirito*—, bien sea numérica —*negra = 80* o *blanca = 50*—), nunca podremos decir que hay un *tempo giusto*, invariable, porque la velocidad a la que debe tocarse la pieza no depende sólo de sus rasgos intrínsecos, sino también de elementos externos como el auditorio donde se está tocando. Si, por ejemplo, una orquesta barroca acompaña a unos cantantes en una iglesia donde hay mucha reverberación, por mucho que la partitura diga que la negra, la blanca o la garrapatea deben sonar a una determinada velocidad, el director tendrá que tomar la decisión de ir más despacio. De lo contrario, el eco hará que las voces y las notas se solapen y hasta el público llegará un horrísono batiburrillo. Por el contrario, si la sala es seca conviene emplear un tempo más rápido para atenuar la desagradable sensación que producen las notas al extinguirse demasiado pronto.

El tempo, en condiciones acústicas óptimas, debería acomodarse a lo que pasa en la obra, que no siempre coincide con lo que parece que pasa. No se me ocurre mejor forma de explicarlo que una analogía con el texto y el subtexto en los diálogos de cine o teatro.

Examinemos como ejemplo este diálogo de *La Guerra de los mundos* de Steven Spielberg.

RAY: Bueno, aquí tenemos unos apetitosos bocadillos de mantequilla de cacahuete.
(Rachel trata de ocultar su repugnancia mientras su padre unta el pan.)
RACHEL: Soy alérgica a la mantequilla de cacahuete.
(Ray, sorprendido, sigue untando los bocadillos.)
RAY: ¿Desde cuándo?
(Mirada de reproche.)
RACHEL: Desde que nací.

Aunque han ocurrido varias cosas (padre e hija conversan mientras el primero prepara unos bocadillos), en el plano emocional sólo ha ocurrido una: Rachel le ha dicho a su padre que es un mal padre. Después de tantos años, aún no sabe que su hija es alérgica a la mantequilla de cacahuete e, incluso después de recordárselo, hace caso omiso a sus palabras.

En la música no hay subxtexto porque las notas carecen de función referencial (no designan algo externo a ellas, no tienen significado), pero la música contiene un ritmo armónico. El ritmo armónico es la frecuencia con que la composición cambia de armonía, es decir, de acorde. Puede cambiar a medio compás, en cada compás o cada dos compases como ocurre en el blues. Puede haber muchas notas muy rápidas aunque sólo esté sucediendo una cosa (por ejemplo, que permanecemos en sol mayor) o puede haber pocas notas muy lentas mientras la armonía cambia dos o más veces por compás. La elección del tempo muestra la musicalidad innata del intérprete (o su innata torpeza), pero esa elección no es arbitraria. Se mueve dentro de un abanico limitado. Por lo general, si el ritmo armónico es lento, habrá que tocar más deprisa. No debemos recrearnos en un pasaje donde no está ocurriendo gran cosa. Como los lémures de la película *Madagascar*, el oído exige «¡marcha, marcha!» cuando recorre esos trayectos. No se trata, ciertamente, de hacer un *fast forward* hasta el siguiente compás, pero tampoco es aconsejable demorarse en exceso sobre una sola armonía.

Recuerdo con verdadero placer la crítica burlona que el director Jesús Franco le propinó en el programa *Lo + Plus* al cine de Pilar Miró, supuestamente más artístico que el suyo (Franco filmaba historias de vampiros y duelos en el Salvaje Oeste). Decía que Miró cultivaba un cine de «paleto lento» e ilustró esa feliz expresión con una escena: «La cámara está clavada sobre un trípode en medio de un camino que serpentea por la campiña conquense. Vemos acercarse lentamente a un lugareño. Pasan quince segundos. La cámara sigue quieta, el paleto sigue avanzando. Al cabo de un minuto, el buen hombre llega a la altura de la cámara, la rebasa, y la cámara corta al otro lado del camino con el paleto alejándose durante otros quince segundos».

Lo mismo decía Gene Hackman sobre el cine de Éric Rohmer en la película *La noche se mueve* de Arthur Penn: «Es como ver crecer una planta». Los mirós y los rohmers de este mundo intentan suplir la falta de relato con la creación de atmósferas, lo cual puede resultar muy seductor si uno sabe lo que se trae entre manos. «El devenir de la vida campestre es más lento que el de la vida urbana», parecen anunciarnos los directores «de paleto lento» o «paso rústico». Sin entrar en la verdad de esa afirmación, el problema es que el espectador ya conoce ese presunto hecho porque es un tópico reiterado hasta la extenuación (aparte de haber estado en el campo decenas de veces). Uno va al cine a experimentar emociones extraordinarias, a vivir otras vidas, no a perder el tiempo corroborando lo que ya sabe.

En la película *Lawrence de Arabia*, por ejemplo, nadie osaría calificar la antológica primera aparición de Omar Sharif como «cine de beduino lento». Hay muchos elementos en esa escena que la apartan del cine rústico. En primer lugar, el desierto del Nefud, a diferencia del campo español, es un territorio realmente deshabitado donde la súbita aparición de una figura humana, que además puede ser confundida con un espejismo, resulta en verdad extraordinaria. En segundo lugar, la escena está cargada de tensión, como prueba el hecho de que el beduino que está junto a Lawrence corra a coger una pistola cuando empieza a sospechar quién se acerca. En tercer lugar, la espera culmina con un suceso completamente inesperado: la muerte del beduino a manos de Omar Sharif.

En música ocurre lo mismo. A menos que haya una razón excepcional para la lentitud, lo honesto es adoptar un tempo rápido si la música cambia poco de armonía para evitarle al oyente la sensación de hastío que nos producen las escenas de paleto lento en el cine.

Algunos directores e intérpretes piensan que las indicaciones anotadas por el compositor en la partitura tienen que ser respetadas tan a rajatabla como las señales de tráfico. Otros, en cambio, estiman que esas notas son meras orientaciones y que el ejecutante debe dejarse guiar exclusivamente por su propia musicalidad.

¿Pero qué es la musicalidad?

Podríamos definirla a lo Bruce Willis diciendo que es el sexto sentido en música. La musicalidad (de un intérprete) es la capacidad para hacer que la partitura tenga el máximo impacto en el oyente, el poder para lograr que los signos trazados sobre el pentagrama lleguen al auditorio de la manera más conmovedora posible. Esto se consigue a veces respetando al pie de la letra las indicaciones del autor y otras *aggiornando* la interpretación para, siendo infiel a la letra, ser más fiel al espíritu. Pero hay que apresar ese espíritu esquivo. Vuelvo a las analogías cinematográficas (empieza a ser un vicio) con los personajes que interpretan Benedict Cumberbatch y Martin Freeman en la serie *Sherlock* de la BBC.

Aunque se trata de una puesta al día revolucionaria que en muchos elementos se aleja de la partitura compuesta por Arthur Conan Doyle, ningún verdadero amante de la pareja puede negar que ésos son Sherlock y Watson. Así lo reconoció, por ejemplo, el crítico de televisión Tom Sutcliffe, del *Independent*, cuando sentenció que «si bien es flagrantemente infiel al texto original en algunos aspectos, *Sherlock* acaba siendo maravillosamente leal en todos los sentidos que importan».

Personalmente, una de las aportaciones que más agradezco a *Sherlock* es haber creado al más sagaz de los watsons televisivos. No hace falta convertir a su ayudante en un lerdo para que Holmes brille con luz propia. Antes al contrario, solamente una persona tan lúcida como el Watson de Conan Doyle habría podido transmitir al lector la estupefacción que todos hemos sentido alguna vez al cruzarnos con un auténtico genio. Como saben muchos aficionados, el personaje de Holmes está inspirado en un individuo real, el doctor Joseph Bell, de quien Conan Doyle fue asistente cuando estudiaba Medicina en Edimburgo. Bell era un genio del diagnóstico, un mago del ojo clínico y, en las aventuras originales de Holmes, lo verdaderamente autobiográfico es la memoria emocional, el recuerdo de la admiración que la inmensa pericia de Bell (a quien bastaba un vistazo para averiguar las dolencias de sus pacientes) despertó en el joven estudiante. La serie *House*, que también ha arrasado en la televisión, no ha hecho más que devolver a Sherlock al lugar donde nació: el departamento de diagnóstico de un hospital universitario.

Hay músicos enormes como Daniel Barenboim que también son partidarios de estos *aggiornamenti* televisivos aplicados a la música. El argentino se niega a hacer elecciones de tempo basadas en hallazgos musicológicos (como las indicaciones metronómicas del compositor) y sostiene que es necesario hallar el tempo dentro de la pieza basándose en el ya mencionado ritmo armónico. Eso ha hecho que su versión de las sinfonías de Beethoven, por ejemplo, tenga un tempo más lento que las animadas interpretaciones inspiradas por las investigaciones de expertos como Roger Norrington, auténtico pope de las llamadas *historically informed versions* (decirlo en inglés también ayuda al postureo).

Para impresionar a la chica la primera noche, una vez ha accedido a tomar esa última copa en nuestra casa, bastará con decirle que de cada pieza clásica nos gusta tener al menos dos versiones. Una más avanzada y, por supuesto, «transgresora» (con la obra actualizada al mundo 2.0 del siglo XXI) y otra más historicista donde los músicos respetan los criterios interpretativos de la época y los instrumentos suenan tan viejunos como las renqueantes antiguallas de los siglos XVII o XVIII.

7.

LAS TRES REGLAS DE LOS GREMLINS

Si el tempo es una de las razones más musicales (y, por tanto, más profundas) para decantarse por una versión u otra, la carátula del disco es sin duda la más frívola. Pese a ello, las casas discográficas intentan una y otra vez atraer al comprador con reclamos visuales que van desde fotos absurdas con interpretaciones literales del título a exhibiciones grotescas de cuerpos femeninos pasando por rebuscados e inútiles juegos de palabras. Entre los señuelos visuales de naturaleza sexual se lleva la palma Lara St. John, una violinista canadiense que con el paso de los años ha ganado bastante peso y perdido bastante forma, pero que en sus años mozos tenía cuerpo de sobra para mostrar sus encantos sobre la portada de las *Partitas para violín solo* de J. S. Bach, donde se tapaba los pechos con su oportuno instrumento. Vanessa Mae, que también toca el lujurioso violín, ha llegado aún más lejos y en su disco de grandes éxitos luce palmito enfundada en unas bragas plateadas tras las que se adivina un escarpado monte de Venus. Por si no hubiera quedado suficientemente claro, Mae tapa sus orientales senos con las manos mientras mira al comprador poniendo cara de «ven aquí y fóllame». Ofra Harnoy, en su álbum de sonatas de Vivaldi, se abraza al violonchelo como una hembra en celo al macho que la está cubriendo. Janine Jansen yace extasiada en un salón de aires venecianos con el gesto lánguido de quien acaba de consumar satisfactoriamente el acto carnal. El cedé de Anne-Sophie Mutter con *Las cuatro estaciones* de Vivaldi es también espectacular desde el punto de vista erótico: la diva se deja retratar tendida sobre el suelo en apretados vaqueros y una camiseta negra que deja al desnudo brazos y hombros mientras mira al fotógrafo con expresión de «si tienes lo que hay que tener, ¡aquí te espero, gitano mío!». Aún recuerdo el paso de Anne-Sophie por *Lo + Plus*, el programa que presenté durante años con Fernando Schwartz, porque al terminar la entrevista le pedí que me firmara una foto publicitaria a tamaño natural en la que aparecía con su célebre escote «palabra de honor». La muy virtuosa (hay virtudes que matan) me dejó con la miel en los labios escribiendo «for Max, sweet dreams». Había captado que ella era mi oscuro objeto de deseo y con esas crueles palabras me comunicó que eso era lo que seguiría siendo el resto de mi vida: una quimera, un sueño dulcísimo. Sólo le faltó añadir «no se ha hecho la miel para la boca del asno». ¡Ay si me hubiese dado la oportunidad de aplicarle mis infalibles técnicas seductivas!

En el apartado de las carátulas estrambóticas recomiendo el cedé *Alma brasileira*, con música de Heitor Villa-Lobos, donde el gran Michael Tilson Thomas, director de la Orquesta Sinfónica de San Francisco desde 1995, posa entre plantas tropicales y guacamayos multicolores con gafas oscuras de espejo y el grave además de un cabaretero carioca al que le acabaran de robar las maracas. También merece la pena echar un vistazo a *Los planetas* de Holst en versión de Adrian Boult: una pareja de horteras con pintorescos trajes de ciencia ficción serie Z apuntan sus pistolas láser hacia un supuesto extraterrestre invasor.

La clásica es música muerta, todos los compositores interesantes están criando malvas, pero siguen apareciendo intérpretes asombrosos prácticamente cada mes. Como setas. Yo, por ejemplo, pensaba que nadie podría superar al contratenor Andreas Scholl cantando arias barrocas, pero acabo de descubrir a un mirlo blanco francés llamado Philippe Jaroussky que ha convertido al alemán en una corneja graznante expulsada de un *talent show*.

La erudición sobre las mejores versiones (o las más prestigiosas o las más «rompedoras») es un terreno muy propicio para el posteo musical. De la misma manera que un buen *hipster* del rock te puede llegar a amargar un concierto cojonudo porque los miembros de la banda se han vuelto demasiado comerciales («antes molaban, ahora se han vendido a las discográficas»), un *hipster* de clásica puede hacerte creer que nunca has oído *Las cuatro estaciones* si no conoces la versión de Il Giardino Armonico.

¿Qué podemos destacar en una determinada versión para parecer auténticos entendidos en la materia? Ya hemos mencionado el tempo, es decir, la velocidad a la que se toca una determinada pieza. ¡Ojo, no caigamos en el error de que más deprisa es igual a mejor! Esa idea es de diletante. El verdadero *hipster* de clásica tiende a decantarse siempre por la versión más lenta, que es la más «arriesgada». El virtuosismo es pirotecnia superficial y despreciable, la parsimonia es intensidad arrebatada y profunda. Bromeo, naturalmente. Lo cierto es que las versiones excesivamente lentas acaban provocando que la música se desmorone bajo su propia gravedad. La velocidad es a la música lo que la temperatura y el tiempo de horneado es al suflé. Si bajamos demasiado la temperatura de la música, produciremos un colapso de toda su estructura. ¿Que quieres un suflé al Grand Marnier? Pon el horno a 220 grados durante 15 minutos.

¿Que quieres un *adagietto* de la *Quinta sinfonía* de Mahler? El compositor no fue tan preciso como Arguiñano en sus recetas: en la partitura se limitó a escribir «muy despacio». ¿Cuál es la velocidad de «muy despacio»? La media de las versiones normales está en unos diez minutos. Si quieres tirarte el rollo con una versión más lenta que Antonio López rematando un cuadro de la familia real, lo más indicado es decirle a tu conquista en ciernes que el verdadero Mahler es el de Hermann Scherchen al frente de la Orquesta Philharmonia. Es una versión del año

1964 que repta literalmente por tus oídos durante 15 interminables y agotadores minutos. En YouTube ocupa más de un archivo y la han dividido en dos partes, una de diez minutos largos y otra de cinco. Tanto las versiones espídicas como las plomizas entrañan sus propios riesgos. En las vertiginosas, el peligro es que haya notas falsas y las frases sean tan ininteligibles como una perorata de Antonio Ozores en el *Un, dos, tres...* o un discurso del primer ministro húngaro. En las plastas, que la música se derrumbe por falta de ímpetu. Hay ocasiones en que el intérprete puesto en modo tortuga sale airoso de la prueba. Con la inapreciable ayuda del director Kurt Masur, la soprano Jessye Norman consigue estirar hasta los nueve minutos la cuarta de las *Cuatro últimas canciones* de Richard Strauss, «En el ocaso», una pieza que en su versión canónica, la de Elisabeth Schwarzkopf con Von Karajan (1956), dura tan sólo siete. Y eso que el exnazi de melena plateada no se caracteriza precisamente por los tiempos rápidos. De hecho, su disco más popular se titula *Adagio Karajan*. Tampoco resulta estéril el arriesgado experimento del otrora bellísimo Ivo Pogorelich, que alarga el *Intermezzo opus 118 número 2* de Brahms hasta los casi nueve minutos cuando otros pianistas no menos competentes la despachan en cinco minutos sin menoscabo de su musicalidad. El crítico de la NPR Tom Huizenga dice que, tocada a la velocidad de Pogorelich, la pieza no se vuelve más plúmbea, sino más íntima, como si el pianista te estuviera susurrando las notas al oído. Lo cual resulta alentador para ambos sexos ya que Pogorelich tiene todo el aspecto de causar estragos entre la comunidad gay.

Otros factores a tener en cuenta en la elección de una versión u otra son, por ejemplo, si se trata de una versión historicista, con instrumentos originales, o por el contrario una a la Barenboim donde prima la actualización; también hay que decidir si confiamos a ciegas en un intérprete muy conocido o nos decantamos por algo menos trillado, como hay que hacer, por ejemplo, cuando uno va a comprarse unas zapatillas deportivas. Las marcas de más renombre, Nike, Reebok y Adidas, no son ni mucho menos las mejores, sino solamente las que mayor presupuesto destinan a publicitarse en televisión. Las buenas son Asics, New Balance, Saucony y Mizuno. Con los intérpretes de clásica pasa lo mismo. Lanzarse a lo loco a la piscina donde chapotean Ashkenazy y Lang Lang, Kisssin y Levine es hacer el canelo. Nadie puede tocar todo bien. El piano, por ejemplo, es un instrumento dual, en el sentido de que puede ser considerado a un tiempo un instrumento de percusión (la cuerda es golpeada por un martillo) y de cuerda (hay incluso técnicas para imitar a una orquesta tocando en *pizzicato*). Los pianistas percutivos, salvo raras excepciones, no lidian bien con los compositores melódicos y viceversa. Además el repertorio clásico abarca más de 500 años y, en una época de superespecialización, competir con el mismo nivel de excelencia en hierba y tierra batida es una hazaña reservada sólo a los nadales o federers de la música clásica. Para el repertorio romántico alemán, los críticos aconsejan acudir a las seis kas: Knappertsbusch, Keilberth, Kempe, Klemperer y Kleiber (Erich & Carlos). Tampoco las tres bes británicas son moco de pavo: Thomas Beecham, Adrian Boult y John Barbirolli, con versiones de Mozart y Haydn, Brahms, Verdi o Vaughan Williams. Podríamos dar mucho más nombres, pero lo más importante de todo no es a qué versiones acudir, sino cuáles evitar a toda costa. Y no estaba pensando sólo en Richard Clayderman.

El motivo por el que existen tantas versiones distintas de tantas piezas de clásica es porque se trata de una música de matices y existen infinidad de maneras de *decir* una idea musical.

Algunos intérpretes, por ejemplo (y no pensemos tan sólo en cantantes), gustan de exponer la frase musical en un único soplo de aliento; es decir, sin respirar entre medias. Otros prefieren hacer cesuras, incluso aunque el compositor haya especificado que todas las notas son parte de un pequeño todo. Pero es que además está la articulación de las notas: *staccato*, *martellato*, *marcato*, *tenuto*: cada una de estas palabras italianas designa un modo diferente de producir el mismo sonido. La manera de decir más la velocidad a la que se dice más las licencias dinámicas y rítmicas que se toma el intérprete pueden contribuir a que dos versiones de una misma obra se parezcan (en espíritu) menos que dos piezas diferentes tocadas por un mismo intérprete. Hay más distancia estética entre el mismo preludio de Bach tocado por Gould o por Barenboim que entre uno de Bach y otro de Händel tocados por cualquiera de los dos.

Particularmente contrastantes son, en el repertorio barroco y clásico, las piezas interpretadas con instrumentos originales y con criterios interpretativos de la época y aquéllas tocadas en instrumentos modernos con criterios modernos.

¿Qué implica hacerse con una grabación historicista? Significa que los músicos tocan con instrumentos que son calcos exactos, clónicos, de aquéllos que se fabricaban en la época en que fue compuesta la música. Son, por tanto, de menor potencia sonora y de timbre menos brillante. La tensión que podían soportar los instrumentos de cuerda en la época barroca y durante buena parte del romanticismo era menor que la de hoy en día porque los materiales eran distintos. El arpa del piano, por ejemplo, que es el bastidor sobre el que van tensadas las cuerdas, fue de madera durante buena parte del siglo XIX, lo que imposibilitó que pudieran construirse bicharracos como el moderno Steinway de concierto, capaz de llegar hasta el último rincón del más espacioso auditorio del mundo. La música interpretada con criterios historicistas suele ser percibida por el oyente como más fría y menos expresiva que la romántica, lo cual se debe a la ausencia de vibrato. El vibrato es perfectamente observable en un intérprete de cuerda: es la rápida oscilación del dedo sobre el diapasón del instrumento para alterar ligeramente la afinación de una nota a fin de hacerla más expresiva.

Sabemos desde hace años lo que hay que hacer con un gremlin para no cagarla:

1) No exponerlo a la luz solar.
2) No mojarlo.
3) No darle comida después de medianoche.

En cambio, hasta ahora no teníamos ni idea de cómo dárnoslas de entendidos en música clásica sin temor a ser desenmascarados a los cinco minutos. Incluso nuestro insigne catedrático de postureo cultureta fue cazado in fraganti (en 2003 exactamente) por un profesor del Conservatorio de El Escorial. Así lo dejó con el culo al aire:

El señor Ruiz-Gallardón dice en la entrevista de *El País* del domingo 1 de junio: «La flauta jamás es capaz de hacer un acorde por casualidad». Ni por casualidad ni intencionadamente: la flauta no puede hacer un acorde. La frase ilustra a la perfección lo que muchos políticos hacen con la música: utilizarla como ornamento y barniz cultural sin conocerla realmente y sin intentar resolver sus problemas.

(El lector habrá advertido a estas alturas que mi apego por Gallardón es al menos tan patológico como el de Cicerón por Catilina: «Quosque tandem abutere, Gallardonum, patientia nostra?». Debo aclarar, sin embargo, que no le deseo al exministro el penoso fin de Catilina ni a mí el de Cicerón [*ça va sans dire*]: ambos terminaron con la cabeza enormemente separada del tronco.)

Si Woody Allen se ligó a Julia Roberts en *Everyone Says I Love You* diciéndole que le encantaba la *Cuarta* de Mahler (que probablemente no había oído en su vida), no veo por qué nosotros no podemos alardear en público de nuestros refinados gustos mu-

sicales en una primera cita de ligoteo. Debo confesar que la técnica funciona más cuando la emplea un chico porque las chicas
están deseando, en esa primera invitación, que él dé muestras
de ser un espíritu cultivado y sensible. Al fin y al cabo, si ha
aceptado salir es porque hay algo que ya de entrada la atrae del
el otro. Sólo espera tener la confirmación de que su intuición es
cierta, de que efectivamente es un chico especial, para poder
irse a la cama con él sin tener la culpable sensación de que se
acuesta con el primero que se le pone a tiro. A una chica, en
cambio, la sensibilidad se le supone (como el valor a los soldados) y él sólo está esperando señales inconfundibles de que
después de la cena habrá por lo menos beso en el portal, cuando no subida al apartamento.

Éstas son las tres reglas esenciales para parecer que dominas la
música clásica:

1) Nunca fardes de integrales, sino de versiones. Subir a la
chica a tu piso para decirle que tienes la integral de Brahms
o *Tutto Vivaldi* es la vía más rápida hacia el fracaso. Hoy en
día se puede conseguir una integral de Mozart (170 discos)
por 99 euros y ni siquiera tienes que comprarla. En cambio, decir que tienes diez versiones del *Concierto para chelo* de Edward Elgar porque te obsesiona esa obra desde la
adolescencia hará que ella piense de inmediato: «¡Qué
oído tan prodigioso! ¡Es como un catador de vinos musicales! Su mente es capaz de apreciar los mil y un matices
que distinguen la versión de Jaqueline Dupré con John
Barbirolli de la de Yo Yo Ma con André Previn. ¡Me empieza a apetecer encamarme con él!».
2) Tu versión favorita será siempre la más lenta. Cuanto más
parsimonioso el intérprete, con más hondura siente la
música y más sensible eres tú por apreciarlo. Podemos

añadir que la música, en su progresión irresistible hacia el chimpún final, va generando una energía propia, que hace que la arquitectura sonora no se caiga al suelo. Es como la moto o la bici que, al desplazarse hacia adelante, crean una fuerza giroscópica que impide que se caigan para un lado, como ocurre, en cambio, cuando van muy despacio o se paran. El posturista debe decir que le gusta la versión lenta porque ama el riesgo y, a una velocidad lenta, el intérprete está todo el rato coqueteando con la posibilidad de que la pieza colapse y acabe convertida en un amasijo informe de notas sin sentido.

3) Huye de los intérpretes consabidos como se huye de la peste.

La próxima vez que invites a un ligue a una cena romántica, recuerda que por encima de la colonia que te pongas o del restaurante que elijas, lo más importante son las tres reglas de los gremlins.

8.

LA LECCIÓN MAGISTRAL DE WOODY ALLEN

Un claro ejemplo de cómo la música clásica ayuda a ligar o a resolver tensiones sexuales lo encontramos en la película *Hannah y sus hermanas* (1986).

«He comprado el trío de Mozart que me recomendaste», le dice Barbara Hershey a Michael Caine en la escena donde éste le declara su amor. Unos instantes después de este diálogo, es él quien confiesa estar enamorado; pero ella lleva la iniciativa musical. Porque no sólo complace a su amante anunciándole que ha comprado el disco del que él le ha hablado (un toque de sumisión), sino que pasa al ataque con otra obra que le ha recomendado «el de la tienda de discos» (un toque de rebeldía): «¿Cómo? ¿Otro hombre intentando seducirla con música clásica?».

Sí, amigos, sea a nivel consciente o no, en la ceremonia del cortejo nadie da puntada sin hilo. Ella está intentando que él se ponga ligeramente celoso enviando este mensaje: «Lo de recomendarme música clásica ya lo está haciendo otro hombre. ¿Serás capaz de ofrecerme algo más?».

Hershey pone en el tocadiscos el vinilo que acaba de mencionar y empieza a escucharse el *largo* del *Concierto para clave en fa menor* de Bach. Ella dice que es precioso y Caine siente que lo están poniendo a prueba a dos niveles: 1) la chica le pone música muy sensual para ver cómo reacciona; 2) lo reta a que identifique la obra.

Caine pone cara de sobradísimo y reconoce sin problemas tanto la obra como el compositor. Hershey lo recompensa con una sonrisa, como diciendo «¡eres mi campeón de la clásica!».

A continuación se produce un diálogo de una tensión sexual insoportable. Caine le pregunta a la chica si ha leído el poema de Cummings que él le marcó en el libro y que concluye con el verso «nadie, ni siquiera la lluvia, tiene manos tan pequeñas».

Ella, que por supuesto lo ha leído (el poema viene a ser una declaración de amor) se cierra en banda, cruza los brazos y cambia de tema rápidamente con un comentario alusivo a los peligros del sexo.

—A mi clínica dental van muchos homosexuales y todos llevan guantes porque tienen miedo de contraer el sida.

—¡Oh, claro! —responde Caine como diciendo «¡vaya chorrada!, ¿a qué viene eso ahora?».

Inasequible al desaliento, él insiste y pregunta de nuevo por el poema de Cummings.

Ella va por fin a por el libro y él, tras un infructuoso monólogo interior en el que trata de canalizar su deseo, se abalanza sobre ella para besarla cual bestia en celo. Hershey se resiste cual gata panza arriba y, en el forcejeo, ambos le pegan un formidable meneo al tocadiscos (estamos en los ochenta, los discos son aún de vinilo). La aguja, después de producir ese desgarrador sonido de arañazo que muchos tenemos asociado a los días más patosos de nuestra adolescencia, va a aterrizar sobre el siguiente corte: el *presto* del *Concierto en fa menor* de Bach.

Woody Allen es un genio y ésta es su genial manera de anunciarnos que los acontecimientos se precipitan: Hershey no sólo rechaza a Caine, sino que en ese mismo instante irrumpe en la estancia el marido cabreado.

Desde el principio de la historia, Michael Caine está utilizando la música y la poesía como un pavo real emplea su cola para seducir a la hembra. Al fin y al cabo, él no es un hombre creativo, como Max von Sydow, el gran pintor con el que vive Barbara. No es más que «un contable pretencioso que la persigue». No puede ir de entendido en pintura porque ese lugar ya lo ocupa el sueco, así que intenta demostrar que es un hombre sensible exhibiendo sus conocimientos sobre otras artes.

Pero vamos al tema que nos ocupa: si a la chica le interesa el ligue, es importante que, en mitad del cortejo, no intente desplegar una cola aún más grande que la del chico, pues el pavo real sentiría, al ver otra cola ante él, que se ha metido en una película gay.

Una cosa es compartir la emoción que produce la música y otra muy distinta tratar de competir en conocimientos musicales con nuestro seductor, que se sentiría inmediatamente amenazado: «¡Pero cómo! ¡Si el de la música clásica soy yo! ¿Esta tía trata de rivalizar conmigo en mi propio terreno?».

Ella tiene que seguirle el juego poniéndole alguna pequeña prueba para asegurarse que lo de su cortejador no es postureo, pero sin desafiarlo en campo abierto. Sería un error, por ejemplo, una vez que él ha adivinado la obra y el compositor, que la chica se pusiera en modo *Saber y ganar* y le preguntase al chico a bocajarro: «¿Supongo que sabes por qué el *Concierto* de Bach está en la tonalidad de fa menor, no?».

A menos que el chico sea un verdadero iniciado en la música clásica, desconocerá por completo el significado afectivo de las tonalidades. La pregunta le causaría tanta inseguridad que, en caso de que ella decidiera llevárselo a la cama, es improbable que lograra una erección.

Ahora imaginemos un escenario diferente. Supongamos que él ha tenido ya dos o tres detalles feos en el primer encuentro (ha llegado tarde y no ha pedido disculpas, viene hecho un guarro o, simplemente, lleva una banderita española en la correa del reloj) y ella ya tiene claro que no se va a ir a la cama con él (al menos esa noche), que sólo desea disfrutar de la inseguridad de su presa en plan psicópata sádica: «Ya que no me voy a ir a la cama con semejante gañán, me divertiré un poco humillándolo en su propio terreno».

Lo de las tonalidades es perfecto para ponerlo en apuros porque casi nadie tiene claro por qué una obra está en una tonalidad u otra. Cuando un músico compone una pieza (incluso cuando ese músico se llama David Bustamante), una de las primeras decisiones que tiene que tomar es el modo en el que está la misma: modo mayor si prevalecen el optimismo y la alegría; modo menor si lo hacen la melancolía y la tristeza.

Por eso, al oír el primer preludio de *El clave bien temperado* de Bach o *Imagine* de John Lennon nos venimos arriba y, en cambio, el *Adagio para cuerdas* de Barber o incluso la canción *Perfect Day* de Lou Reed nos dejan un regusto tan melancólico.

El modo mayor o menor es sólo la primera elección; luego hay que decidir la tonalidad de la sinfonía, la canción o el *jingle* publicitario (el himno del PP, por ejemplo, está en do mayor).

La elección de la tonalidad se comprende mejor si establecemos una analogía entre música y pintura.

Pensemos en un cuadro tan poco figurativo como una pieza de música, por ejemplo, *El lagarto de las plumas de oro* de Joan Miró (que perteneció, por cierto, a Gerard Depardieu). ¿Por qué Miró ha elegido un fondo beis? ¿Por qué hay verdes, azules y rojos? ¿Por qué el oro no es oro (como promete el título), sino un amarillo algo desvaído?

Si el pintor elige un color predominante en función de lo que ese tono le inspira, un músico también se deja llevar por sentimientos o emociones a la hora de elegir la tonalidad de la pieza.

Hemos dicho que si la obra está en un modo menor, la pieza será triste, y si está en mayor, será alegre. En pintura esto equivaldría a si el cuadro está en tonos cálidos o fríos. Pero una vez decidido, por ejemplo, que la pintura va a ser fría, el artista se pregunta: «Vale, pero ¿cuán fría?».

No es lo mismo (dentro del espectro de colores fríos) el turquesa que el cian, ni el índigo que el violeta. Y la frialdad puede estar asociada a la crueldad o la falta de empatía, pero también a la serenidad o a la pena.

Los compositores pueden elegir entre 12 tonalidades mayores y 12 menores. Me llama la atención que la paleta de un pintor también contenga, por regla general, un número similar de colores aparte del blanco y el negro. El hecho de que elijan una tonalidad no significa que van a usarla en exclusiva, sino que ésa será la tonalidad predominante. De la misma manera que en el cuadro de Miró hay un color cálido predominante, en el *Concierto en fa menor* de Bach hay una tonalidad fría que manda sobre las demás.

Conviene aclarar que la elección de tonalidad no obedece sólo a las características emocionales de la misma. Hay instrumentos que suenan mejor en una tonalidad que en otra por la sencilla razón de que algunas de sus cuerdas están afinadas a esa altura.

La guitarra, por ejemplo, tiene dos cuerdas afinadas en la nota mi (la primera y la última) por lo que todas las tonalidades que incluyen esa nota son fáciles: la guitarra las contiene, por así decirlo, de serie. Mi mayor y menor, la mayor y menor o do mayor son tonalidades que podemos calificar como *guitar-friendly*. Cuando quiere tocar una pieza compuesta para otro instrumento (cosa que ocurre con mucha frecuencia ya que la guitarra, a diferencia del piano o el chelo, tiene poco repertorio), el guitarrista suele sacrificar la carga afectiva de la tonalidad original transportando la pieza a un tono que sea más consustancial con la guitarra. Tal es el caso, por ejemplo, de una maravillosa pieza para clave de François Couperin (Francia, siglo XVII) titulada *Las barricadas misteriosas*, obra compuesta originalmente en la tonalidad de si bemol mayor. En el clave y en el piano suena de maravilla, pero en la guitarra, por razones de afinación, resultaría muy forzado tocarla en ese tono. La mayoría de los guitarristas la transcriben en do mayor, que es más afín al instrumento de las seis cuerdas. Lo que la obra pierde al ser interpretada en una tonalidad para la que no fue concebida lo gana al sonar en otra donde la que guitarra puede dar lo mejor de sí misma.

¿Y qué tiene si bemol mayor que no tengan las otras tonalidades? Para un músico con oído absoluto, eso es como preguntar qué tiene el rojo burdeos que no tenga el rojo escarlata: sencillamente, se trata de colores distintos. Vibran a longitudes de onda diferentes. El rojo burdeos, más oscuro que el escarlata, vibra a más nanómetros por segundo que su vecino cromático. Con las tonalidades musicales pasa lo mismo. Si bemol vibra más rápido que do, la diferencia se está entre 466,16 vibraciones por segundo y 261,63.

Los músicos con oído absoluto son capaces de reconocer la altura a la que vibran las notas y de identificarlas, como si fueran individuos de rostro definido.

Para el resto de los mortales, eso es un trabajo tan arduo como reconocer a un chino concreto en una rueda de reconocimiento policial en la que hay una docena más de compatriotas.

Por eso, cuando escuchan una pieza concebida para una tonalidad y trasladada a otra, los buenos músicos sienten el mismo rechazo que si nosotros viéramos una película clásica interpretada por otro actor: «¿*Casablanca* protagonizada por James Mason? También es buen actor, ¡pero, hombre, no es lo mismo!».

Los rasgos distintivos de las tonalidades está emparentados con el fenómeno de la sinestesia, la capacidad de tener una experiencia sensorial a través de un sentido ajeno a ella.

Hay personas que notan un sabor concreto al oír determinada palabra o que relacionan notas con colores. Son famosos los casos de los rusos Skriabin y Rimski-Kórsakov, que coincidían en la asociación de muchas notas y colores. El francés Olivier Messiaen llegó a rizar el rizo ya que no sólo veía notas musicales, sino que también *escuchaba* colores. Y, que se sepa, no era consumidor de hongos alucinógenos.

La sinestesia no deja de ser un fenómeno puramente subjetivo: un músico puede vincular la nota la al verde y otro al violeta. Aunque re era amarillo para Skriabin y Rimski, do era rojo para el primero y blanco para el segundo.

El oído absoluto, en cambio, no es un fenómeno asociativo: Mozart y Michael Jackson (que también lo tenía) sabían que una nota era un la 440 en cuanto la oían, y ese sonido, esa vibración a 440 ciclos por segundo, siempre era la misma inconfundible y unívoca sensación para ambos.

El carácter de una tonalidad viene dado por varios factores, pero creo que ninguno es tan importante como el conocimiento de toda la literatura musical que se ha compuesto hasta la fecha en esa armadura.

Analogía con el cine (sigo en mis trece): no es lo mismo pasar por delante del escaparate de Tiffany's, en Nueva York, sin haber visto *Desayuno con diamantes* que conociendo la película. Tampoco es igual la reacción si uno es fan de la misma que si no lo es. Y también reaccionamos de forma distinta ante ese escaparate si hemos llorado con la historia el día anterior que si no hemos vuelto a verla en diez años.

Imaginemos que yo quisiera escribir hoy un concierto para piano y, teniendo ya claro que va a estar en modo menor, dudara entre re y fa. Lo que me daría el impulso definitivo hacia una tonalidad u otra sería el conocimiento de las obras más emocionantes que se han compuesto hasta la fecha en esa tonalidad. La personalidad de fa menor me vendría dada, no tanto por cómo suena el acorde en sí (la altura a la que vibran combinadas sus tres notas: fa, la bemol y do) sino por lo que significan emocionalmente para mí las obras escritas hasta la fecha en esa tonalidad.

A mediados del siglo XVIII, un poeta y músico alemán llamado Christian Friedrich Daniel Schubart escribió un tratado titulado *Ideas sobre la estética musical* donde se recogían las características afectivas de las 24 tonalidades mayores y menores.

Do mayor, por ejemplo, es para Schubart completamente pura: todo inocencia, sencillez e ingenuidad, como las palabras de un niño bueno. Fa menor es depresión profunda, lamento fúnebre, gemidos desconsolados y añoranza de la tumba.

Schubart y otros teóricos escriben sobre las características afectivas de las tonalidades como si fueran cualidades intrínsecas de las mismas, cuando lo cierto es que representan apreciaciones subjetivas, basadas en lo ya compuesto en ese tono.

Si buscamos en la Wikipedia información sobre fa menor, se nos cuenta que está «asociada a la pasión» porque tanto la *Sonata appassionata* de Beethoven como la *Sinfonía número 49*, «*La passione*», de Haydn, están en esa armadura.

El músico italocanadiense Paolo Pietropaolo es quien más lejos ha llegado a la hora de teorizar sobre la personalidad de las tonalidades.

En su programa radiofónico *The Signature Series*, Pietropaolo analiza las 24 tonalidades mayores y menores como si fueran personajes dramáticos, definibles por rasgos zodiacales.

Pietropaolo decide (en base a unas cuantas obras escritas en esa tonalidad) que fa menor es «el luchador» y compara su coraje con el de Sigourney Weaver (la teniente Ripley) en las películas de *Alien* o con el de Lisbeth Salander en las novelas de Stieg Larsson. Asegura que la tonalidad es dura, tenaz y cínica, que su mayor fuerza es que no se arredra ante ningún peligro y su mayor debilidad que su intensidad asusta a la gente. Los signos zodiacales que más se le parecen son Tauro y Capricornio.

Personas de carne y hueso que son como fa menor: la escritora Dorothy Parker y la política Hillary Clinton.

Lo más logrado de la serie de Pietropaolo son los 24 audios (de unos cinco minutos) que acompañan a cada tonalidad. En el de fa menor, por ejemplo, el músico nos va haciendo escuchar las obras compuestas en ese tono que le sirven al final para justificar el calificativo de «luchador». Empieza con *El invierno*, de Vivaldi, pasa por la *Appassionata* de Beethoven, la *Fantasía en fa menor* de Schubert o *El aprendiz de brujo* de Paul Dukas y remata con *Stayin'Alive* de los Bee Gees, también escrita en esa tonalidad.

Michael Caine podría haber llevado el postureo musical hasta el extremo más descabellado si le hubiera dicho a Barbara Hershey: «De todas las tonalidades posibles, Bach eligió fa menor porque que es la tonalidad de la pasión: la misma tonalidad que yo empiezo a sentir por ti». Y Barbara habría caído rendida de amor en ese mismo instante.

9.

EL SILENCIO DE LOS... NABOS

Las chicas no reaccionan como los chicos ante la perspectiva de una primera cita, sobre todo cuando llevan un tiempo en el dique seco. Ante la escasez de candidatos interesantes, muchas encuentran preferible estar solas a mal acompañadas y llevan una vida tranquila y rutinaria que, sin satisfacerlas del todo, les proporciona una aceptable comodida emocional. Es como tener una cuenta corriente en el banco a bajo interés. Sabes que no te vas a hacer rico, pero el riesgo es prácticamente cero: «Chica, al menos la tranquilidad de que mi dinero no me lo quita ni Dios».

Por consiguiente, a menos que el hombre que la invita a salir de las tranquilas (aunque monótonas) aguas de la soledad sea George Clooney, la perspectiva de hacerse de nuevo al proceloso mar de un encuentro sentimental les provoca una mezcla de pereza y miedo.

El miedo puede ser tanto a hacer daño al otro como a que se lo hagan a ellas. Normalmente, abunda más lo primero: «A ver si por aceptar esta cena, el pobre se va a hacer demasiadas ilusiones y lo va pasar mal».

La pereza la provoca, paradójicamente, la idea de que la cosa pueda ir demasiado bien y la mujer se vea sumergida, de la noche a la mañana, en un torbellino emocional no deseado, en una montaña rusa de sentimientos encontrados, llena de diversión y novedades pero también de picados espeluznantes y *loops* estremecedores: «¡Con lo tranquila que vivía yo hasta ahora!».

Supongamos que la curiosidad, el deseo o el simple aburrimiento son superiores al miedo y la pereza.

Él la ha invitado a cenar y ella ha aceptado por una o más razones, que a veces actúan solas y otras se combinan.

1) Para no parecer demasiado altiva (el síndrome Turandot, que merecería un libro aparte).
2) Porque el restaurante del que él le ha hablado tiene buena pinta.
3) Porque el chico le cae bien.
4) Porque el chico le gusta más que el pan frito.

Si el chico le gusta mucho, es de esperar que la chica no espere de brazos cruzados hasta el día de la cena, sino que le envíe algún mensaje de ánimo para que se venga arriba. Un buen sms de este tipo puede ser: «He mirado en Internet la web del restaurante donde cenaremos y la verdad es que tiene una pinta increíble».

Si el restaurante es de comida casera y la chica desea impresionar a su cortejador con sus conocimientos de música clásica, la vía más rápida para deslumbrarle es sacar a colación las *Variaciones Goldberg*, de J. S. Bach. Las *Goldberg* pueden aflorar en una conversación de postureo musical por múltiples caminos, pero el de la comida es de los más originales.

La variación 30 es lo que llaman los musicólogos un *quodlibet*, es decir, un pasaje en el que el autor no desarrolla material propio, sino que introduce canciones populares conocidas en la época para hacer sonreír al auditorio. Como si yo ahora escribiera una sinfonía y en el *scherzo* hubiera citas de *Doce cascabeles* y *El vino que tiene Asunción*.

En las *Goldberg*, una de las melodías populares que cita Bach lleva el curioso título de *El repollo y los nabos me han alejado: si mi madre hubiera hecho guiso de carne, habría optado por quedarme*.

Además de por ser una canción muy conocida en la época, Bach la escoge por el título al objeto de ironizar sobre sí mismo.

Consciente de que el guiso musical que ha preparado puede echar para atrás a mucha gente (por demasiado erudito), viene a decirle al oyente que si hubiera cocinado guiso de carne, esto es, si hubiera compuesto una obra más campechana y asequible, el público habría resistido hasta el final.

Las *Variaciones Goldberg* son, si no el Everest, al menos uno de los catorce ochomiles del postureo musical. Durante siglos fue una obra demasiado sinuosa y rebuscada incluso para los propios musicólogos: meterlas de repente en una conversación de ligoteo puede sumar muchos enteros. Y también, claro, ahuyentar al otro para siempre. Pero si sale bien la jugada habremos impresionado a nuestra pareja de manera muy original e igual llega a decirnos: «¡Jo!, además de reírme un montón contigo, ¡es que aprendo cantidad de cosas!».

Lo más difícil del postureo musical es que la exhibición de conocimientos no entre con calzador en mitad de la charla, sino que parezca natural. Igual que se habla del tiempo, del restaurante al que se va a ir a cenar o de lo mal que canta Justin Bieber, se habla de las *Goldberg*:
—¿Sabes quién era muy fan de la comida casera?
—No.
—Johann Sebastian Bach. ¡Hasta metía guisos en sus composiciones!

Vale, la verdad es que ha entrado con calzador, pero al menos el dato es correcto. No hay nada peor que un postureo forzado y que encima la información esté mal, ¿no?

Hasta que el pianista canadiense Glenn Gould las grabó al piano en los años 50, el 99 % de los músicos opinaba que las *Goldberg* eran una pieza intocable. No sólo por la enorme dificultad de algunas, sino porque la obra es tan intrincada y poco melódica que la tomaban no como una pieza de concierto, sino como un laborioso trabajo académico. Es como si, hasta la versión de Gould, los pianistas hubieran entendido que Bach las escribió sin tener en cuenta al público, sólo pensando en su legado para la posteridad. El viejo gruñón quería demostrar todo lo que un genio de su talla podía llegar a hacer con los 32 compases de una simple melodía de bajo.

Gould descubrió su potencial por el procedimiento de grabar al piano una versión vertiginosa, en la que cada voz musical (incluso las voces internas, consideradas habitualmente de relleno armónico) se escuchaba a la perfección. Y no se limitó a grabarlas, sino que, cada vez que tenía ocasión, interpretaba las *Goldberg* en concierto.

La música para solistas escuchada en vivo se diferencia de la grabada en que el intérprete corre un riesgo notable ante el auditorio, un riesgo que podríamos calificar casi de circense.

No es que el público esté esperando que el intérprete se la pegue, pero es consciente de que lo que está haciendo en el escenario es muy expuesto y que la puede cagar. Y eso le da mucho morbo a una actuación en vivo.

El pianista-gladiador puede tropezar en una escala, caer sobre el acorde equivocado u olvidar pasajes enteros de la obra, algo más frecuente de lo que la gente piensa. La mayoría de los solistas (de piano, de chelo, de violín) tocan sin partitura porque así pueden concentrarse más en su propia ejecución y transmitir al auditorio la trepidante sensación de que actúan sin red.

La mayoría ha memorizado la obra de manera muy concienzuda, pero aun así es imposible evitar que los nervios o la emoción les jueguen una mala pasada. Una buena memorización no se lleva a cabo para eliminar el riesgo de quedarse en blanco porque tal cosa es imposible. Se memoriza para saber cómo salir del atolladero si ese blanco se produce. Superado el instante de pánico, en el que uno se da cuenta de que ha olvidado cómo continúa la pieza, el intérprete bien preparado suele tener la entereza de ánimo para sobreponerse a ese agujero negro y pensar en un punto exacto desde el que poder retomar.

La cosa se complica, naturalmente, cuando el solista no toca solo (valga la contradicción), sino con orquesta. Un ejemplo muy ilustrativo de lo traicionera que puede ser la memoria, incluso entre los grandes intérpretes, es el episodio vivido por la pianista Maria João Pires en el Concertgebouw de Amsterdam en el año 2010. La portuguesa se sentó al piano completamente convencida de que iba a tocar un determinado concierto y la orquesta, dirigida por Riccardo Chailly, empezó a interpretar otro completamente distinto: el número 20 de Mozart en re menor. Tras una fase de pánico (la introducción orquestal dura 2 minutos y 30 segundos) en la que se la ve totalmente descompuesta (el vídeo está en YouTube), el director le dirige unas palabras de ánimo desde el podio, ella se viene arriba y decide que puede tocar la obra a pesar de que no estaba preparada para ello. Lo cierto es que João Pires tenía tan bien memorizado el concierto (lo toca todos los años porque es un clásico de su repertorio) que fue capaz de sacarse el otro de la cabeza en dos minutos y sustituirlo por el nuevo.

Glenn Gould tenía una actitud ambivalente con respecto a la parte circense de la interpretación en vivo. Por un lado resulta obvio que le encantaba deslumbrar a sus oyentes adoptando tempos de vértigo en algunas obras. El ejemplo más claro es la variación 26 de las *Goldberg*. Nadie ha tocado nunca ese pasaje (y me atrevería a decir que ninguna otra obra) a una velocidad tan endiablada logrando al mismo tiempo que se escuche hasta la último nota de la polifonía.

Otras veces, el riesgo para Gould consistía en hacer exactamente lo contrario: adoptar un tempo tan lento que las notas no podían usar su propia inercia para impulsarse hacia adelante y acababan formando una especie de charca donde los demás músicos sólo podían croar como ranas. Es lo que hizo Gould en abril de 1962 durante la actuación en el Carnegie Hall de Nueva York ya mencionada en estas páginas. Logró convencer al director de la orquesta, Leonard Bernstein, de que tenían que tocar el *Concierto número 1* de Brahms a una velocidad increíblemente lenta para extraerle todo el jugo a la música. El experimento resultó tan arriesgado (y fallido) que Bernstein se vio forzado a pronunciar unas palabras introductorias de disculpa desde el podio: «Si hago esto no es porque crea en ello, sino porque admiro profundamente a Glenn Gould y estimo que está obrando de buena fe y me apetece acompañarlo en esta peligrosa aventura».

Gould acabó renunciando a tocar en público porque se veía incapaz de afrontar la parte circense de la interpretación. Al objeto de seducir al respetable, de metérselo en el bolsillo, los solistas (él incluido, sostenía Gould) acaban haciendo demasiadas concesiones a la galería. La que sale perdiendo, al final, es la música, que en concierto llega al auditorio en una versión distorsionada y patética, como el rostro de una mujer payaso que se pusiera demasiado maquillaje en la cara para resultar más atractiva.

Otra vía para sacar a colación las *Variaciones Goldberg* en una sesión de postureo es a través del insomnio. Si uno de los dos menciona que ha dormido mal o poco (debido a la excitación que le produce el encuentro o a cualquier otro motivo), el otro puede sugerir, como si tal cosa: «¿Has probado a usar las *Goldberg*?».

El título que Bach dio originalmente a la obra no fue *Variaciones Goldberg*, sino *Aria con variaciones diversas para clave con dos te-*

clados. El primer biógrafo de Bach, Forkel, relató en su libro la génesis de esta pieza mítica, que explica por qué la gente la conoce por su título actual. Bach tenía en la década de 1740 un mecenas llamado Hermann Carl von Keyserling que lo había ayudado a conseguir un cargo musical importante. Keyserling era embajador en Sajonia, el mismo estado donde trabajaba Bach. La embajada (Keyserling, a pesar de su «von», era el embajador ruso) estaba en Dresde, que es aún hoy la capital de ese estado, y Bach trabajaba a cien kilómetros de allí, en Leipzig, como director del coro de la Iglesia de Santo Tomás.

Keyserling era un hombre de salud precaria, poco proclive a recorrer la distancia que lo separaba de su muy admirado genio. En vez de eso enviaba a Leipzig a su clavecinista particular, un muchacho llamado Johann Gottlieb Goldberg, para que tomara clases de perfeccionamiento con Bach. Como el embajador padecía de insomnio, le pidió a Bach, a través de su clavecinista, que compusiera una pieza capaz de entretenerlo hasta que le llegara el sueño. La obra no debía ser muy estridente porque estaba destinada a ser interpretada por la noche, pero tampoco excesivamente reposada, ya que su misión no era exactamente la de una nana, sino, como he dicho, la de mantener distraído a Keyserling hasta que se volviera a dormir. Por eso las *Goldberg* tienen partes muy tranquilas, como la propia aria que abre y cierra la composición, y partes muy animadas, como las tocatas o arabescos, que suenan entre las danzas y los cánones.

Al igual que hablamos de campo semántico cuando un grupo de palabras se relacionan por su significado, propongo llamar *campo posturista* al conjunto de temas de conversación que puede suscitar una pieza para desplegar nuestra vacua pedantería.

Aparte de la cocina casera y el insomnio, el campo posturista de las *Goldberg* (el palique que puede generar la obra) está compuesto por dos grandes temas.

EL SILENCIO DE LOS CORDEROS

Las *Variaciones Goldberg* son la pieza favorita del profesor Lecter en la famosa película de Jonathan Demme basada en la no menos famosa novela de Thomas Harris. Se mencionan en varias ocasiones, por ejemplo cuando la senadora cuya hija ha sido secuestrada por Buffalo Bill va a pactar con Lecter unas condiciones de reclusión más favorables.

—Quisiera disponer de un teléfono, por si recuerdo algo que...

—Cuente usted con él.

—Y algo de música. Las *Variaciones Goldberg* interpretadas por Glenn Gould. ¿Sería mucho pedir?

Harris vuelve a citar las *Goldberg* más adelante, cuando Lecter es introducido en la jaula de donde acabará escapando tras comerse la cara de un policía y hacer papilla a otro con su propia porra.

Luego introdujo una cinta en el aparato encadenado a la pata de la mesa y oprimió el botón de puesta en marcha. Glenn Gould interpretando al piano las *Variaciones Goldberg* de Bach. La música, de una belleza indemne al paso del tiempo y a los cambios de la moda, llenó con sus hermosos acordes la iluminada jaula y la habitación en la que se encontraban los guardianes.

Los cinéfilos que también son melómanos han llegado al extremo de identificar las variaciones concretas que suenan en la banda sonora de la película. Cuando los policías entran a llevarle la cena, se escucha la primera exposición del aria en la versión de 1955.

Gould grabó las *Goldberg* dos veces, la segunda en 1981, poco antes de morir. Esta versión es más reposada, como si el veterano pianista quisiera darnos una visión más reflexiva e introspectiva de la obra que lo hizo famoso. Por eso es fácil reconocer que se trata de la versión de 1955: va a un tempo más rápido.

Tras el furibundo ataque a los dos policías, durante el cual suena música de *thriller*, vuelven las *Goldberg* en su variación número 7, que es una danza de la época, en concreto una giga. Lecter mueve las manos al compás de la música, parece que estuviera bailando con la mente, como en la canción de Siniestro Total: «Y bailaré sobre tu tumba».

La cima del postureo (lo que nos aproximaría al engreimiento de un tertuliano en *¡Qué grande es el cine!*) sería no sólo saber que la *Variación número 7* es una giga, sino saber explicar por qué, a pesar de ser una giga, una de las danzas más rápidas del Barroco, Glenn Gould la toca a un tempo moderado: un *andante*.

La copia personal de las *Goldberg* de Bach fue descubierta en 1974 y sólo entonces supimos que el compositor había proporcionado una información de tempo: *tempo di giga*. Hasta entonces, la *Variación número 7* se había tocado más lenta. Sin embargo, varios intérpretes (entre ellos Gould en la versión de 1981) la siguieron tocando despacio porque llegaron la conclusión de que Bach se refería a la giga francesa, no a la italiana, que es más rápida.

La propia melodía de la giga, que está llena de ornamentos, pide que el tempo no sea excesivamente rápido ya que entonces esos adornos se perderían: como plantarse ante *Las meninas* y permanecer allí tan sólo treinta segundos renunciando a la degustación de los detalles.

Pero volvamos al campo posturista para localizar otro tema de plática donde las *Goldberg* pueden sacarse a colación para el farde cultureta.

IMITACIONES Y PARODIAS

El chico comenta que el día anterior ha visto un programa en la tele donde había imitadores muy graciosos. Ella puede decir:

—Para imitaciones buenas, las de Bach.

Él se quedará boquiabierto u ojiplático y ella añadirá:

—Es que estaba escuchando las *Variaciones Goldberg*, que están llenas de cánones.

—¿De qué?

—¿No has oído hablar del *Canon* de Pachelbel?

—Sí, pero...

—Bueno, pues no es el único. Un canon no es otra cosa que una voz musical que va repitiendo como un loro todo lo que dice la anterior.

En las *Goldberg*, de hecho, una de cada tres variaciones es un canon.

Llegados a este punto, y para poder seguir exhibiendo cultura simulando que en realidad es el chico el que pide más postureo, ella puede decir:

—Pero supongo que esto no te interesa ¿verdad?

—¡Oh, sí, claro que me interesa! —responderá él.

Y responderá así por varias razones:

1) Para no parecer un zote al que sólo le importan el fútbol y el porno.

2) Para agradar a la chica, que parece muy interesada en hablarle de Bach y sus imitaciones.

3) Para no hablar él, que siempre da más pereza.

—Bach —continuará ella— se estaba poniendo a sí mismo continuos desafíos. En las *Goldberg*, el reto consistió en que el canon fuera cada vez más difícil. En el primero, las voces se persiguen a distancia de un compás, pero están al unísono. En el segundo, la voz que imita está una segunda mayor más alta que la original, así hasta llegar al *Canon alla nona*, en un *tour de force* verdaderamente espectacular.

Él, por su parte, le demostrará a ella que ha asimilado todo el dosier bachiano en un minuto y cuando venga el camarero a tomar la comanda le hará un chiste a costa de las *Goldberg*:

—¿Qué desean tomar los señores?

—¿Tiene nabos?

—Perdón, ¿cómo dice?

—Olvídelo: tráiganos un buen guiso de carne para compartir.

10.

EL POSTUREO CHUNGO

Propongo la expresión *postureo chungo* para designar el alarde que no sólo está metido con calzador en la conversación, sino que además contiene información incorrecta y rebatible al instante mediante la Wikipedia. Una afirmación del tipo «hoy he soñado que era una sinfonía, en concreto la *Cuarta* de Mahler» resulta presuntuosa (e incluso estúpida) hasta decir basta, pero no es rebatible.

¿Cómo demostramos que el sujeto no ha soñado eso? Para empezar, es imposible probar una negación (de ahí que la carga de la prueba recaiga en quien acusa, no en quien niega el delito). Podemos demostrar que hablamos urdu o tocamos la gaita, no que no lo hacemos. Sea como fuere, la bobada insinúa varias cosas (bobada porque ningún individuo en sus cabales contaría ese sueño si éste fuera cierto):

1) Uno es muy sensible: en vez de soñar que vuela o que le queda pendiente una asignatura de quinto de Derecho, como todo el mundo, sueña que se convierte en música, una energía no contaminante a la par que conmovedora y etérea.
2) Mahler es uno de los compositores más asociados a lo cultureta, sobre todo después de que un político meridional y cascarrabias lo usara para exhibirse en público.
3) Dentro de esta devoción por Mahler que nos hace tan originales y exclusivos, y pudiendo haber elegido la sinfonía más trillada (la *Quinta*, que sonaba en *Muerte en Venecia* y se usa a menudo en televisión), hemos optado por la

Cuarta, que sólo ha escuchado el 0,0001 % de la población. Es decir, incluso en sueños buscamos la excelencia: no nos conformamos con el notable alto, vamos a por el sobresaliente.

Lo cierto es que no podemos desenmascarar al farsante diciendo «¡Mahler no escribió ninguna sinfonía!» porque compuso diez, de modo que podríamos ir a la caza del impostor preguntándole «y cómo sabías que era la *Cuarta* y no la *Primera* o la *Quinta*?». Pero la presa se nos podría revolver exclamando con suficiencia: «Se nota que no conoces la *Cuarta*; si no, no preguntarías eso. ¡Es inconfundible!». Y como lo más probable es que, efectivamente, tampoco nosotros conozcamos la *Cuarta* de Mahler, nos tendremos que callar.

Otra forma de postureo chungo tan inaceptable como indefendible es el *postureo reprochón*. Me refiero a esa desagradable costumbre de hacer que el otro se sienta culpable porque le gusta un compositor demasiado fácil.

Mi padre, Javier Pradera, al que siempre dejaba yo atónito con mis conocimientos musicales (postureo de hijo para impresionar al padre), solía preguntarme, medio en broma, medio en serio: «¿Me puede gustar Chaikovski sin que me tomen por una nenaza?».

Al parecer, desde la adolescencia, siempre que iba a un auditorio, mi padre se encontraba con amigos melómanos que, sacudiendo la cabeza desaprobatoria, le recriminaban con una mezcla de incredulidad y condescendencia que se hubiera emocionado con la *Patética*. Si el programa incluía otro compositor ruso más disonante, como Shostakóvich o Stravinski, era a éste al que había que elogiar en el descanso del concierto, no a Chaikovski.

Además, Chaikovski era gay, de manera que la pregunta de mi padre encerraba una cuestión aún más peliaguda: «¿Me puede gustar Chaikovski sin que yo mismo parezca una nenaza?». Dejando a un lado el hecho de que la música gay no existe (sólo existe la música compuesta por gays, de la que hablaremos más adelante), la mayoría de los esnobs que menosprecian a Chaikovski por considerarlo demasiado emotivo, por ser sus melodías tan *melódicas*, si se me permite la aparente redundancia, ignoran que compositores mucho más «rompedores» que él, como Stravinski, reverenciaban al autor de *El cascanueces.* También grandes directores de orquesta, como Charles Dutoit, han hablado siempre maravillas de Chaikovski.

En un célebre documental que se puede ver en YouTube, titulado *La música compartida,* el director suizo comenta algunos aspectos de uno de sus caballos de batalla preferidos: el *Concierto número 1 para piano y orquesta* del ruso. Dutoit afirma que lo encuentra prodigioso. No dice que es bueno o admirable, sino, literalmente, prodigioso.

Dutoit expresa el rechazo que le produce cierto tipo de público que desprecia a Chaikovski por considerar que componía música menor. Música que atraía de manera espontánea a las masas sin necesidad de que el público tuviera que hacer un esfuerzo de acercamiento intelectual.

«Si no cuesta acercarse a ella es que es música barata y no nos interesa —parecen sostener los pedantes—. Lo que buscamos en la música no es que nos proporcione placer, sino que nos otorgue un marchamo indiscutible de intelectualidad.» Una actitud digna de Niles, el hermano (aún más) pedante de Frasier Crane, ¿no creen?

Si la fascinación de Dutoit por Chaikovski data de los años 60, la de Stravinski se retrotrae a su más tierna infancia.

El padre de Ígor, Fiódor Stravinski, era un bajo portentoso considerado una de las grandes estrellas del Teatro Marinski, la ópera de San Petersburgo. En 1887, con Chaikovski a la batuta, participó, interpretando el papel de un viejo diácono llamado Mamirov, en el estreno de la ópera *La hechicera*.

En el salón de casa de los Stravinski siempre colgó (seguramente dedicado, dada la enorme talla artística de Fiódor) un retrato de Chaikovski.

Cuando tenía once años, el joven Ígor se emocionó viendo en carne y hueso al maestro (fallecería dos meses después), que había acudido como espectador al Marinski para asistir a la gala del quincuagésimo aniversario de la ópera de Glinka *Ruslán y Liudmila*.

En los años 20, el empresario de los Ballets Rusos Serguéi Diághilev aterrizó en Londres con un fabuloso montaje del ballet *La bella durmiente*. Stravinski, cuyo enorme talento había sido ya descubierto por el empresario, orquestó algunas escenas que habían sido retiradas de la partitura por indicación del zar Alejandro III tras su estreno en 1890.

Teniendo en cuenta que el libreto (basado en el célebre cuento de Perrault) fue escrito con intención de adular hasta la abyección al zar, a quien se comparaba con el rey sol de Francia, uno se pregunta qué pudo ver Alejandro III en el ballet tan negativo como para ordenar que algunos cuadros se suprimiesen del mismo en futuras representaciones.

En cualquier caso, la puesta en escena de Diághilev fue tan lujosa y extravagante que, a pesar del gran éxito de público, el espectáculo constituyó un desastre económico, tanto para él como para el dueño del teatro.

Fue durante aquellas semanas de 1921, mientras reorquestaba *La bella durmiente*, cuando a Stravinski se le ocurrió la idea de *Mavra*, una ópera bufa en un acto donde rindió homenaje a los tres artistas rusos que más admiraba: Pushkin, Glinka y, por supuesto, Chaikovski, a quien dedicó la partitura.

¿Entra en cabeza alguna que un músico menor pudiera despertar en el Picasso musical del siglo XX un entusiasmo de tal calibre? Entusiasmo que culminaría en 1934, en el ballet *El beso del hada*, donde Stravinski se sirvió de canciones y piezas para piano juveniles de Chaikovski para dar vida a un cuento Andersen.

Los espectadores que consideran a Chaikovski demasiado básico y fácil repiten como loros una objeción que tal vez tuvo algún sentido en el siglo XIX, cuando los compositores alemanes estaban obsesionados con la idea de «desarrollo musical». En música se conoce como *desarrollo* a lo que podríamos llamar la trama de una sinfonía o de un concierto. Desarrollo es lo que les pasa a las ideas del compositor durante la obra, las peripecias que viven los personajes sonoros inventados por el creador: esos personajes son los *motivos*.

Un motivo es algo más pequeño que una melodía, es una micromelodía, la más pequeña unidad estructural con identidad temática propia, como la definen los tratados de composición. El motivo, al ser un pequeño bloque musical, resulta fácilmente manipulable durante el proceso que los grandes sinfonistas llaman desarrollo.

El ejemplo más paradigmático de lo que un genio puede llegar a hacer con un motivo lo encontramos en la *Quinta sinfonía* de Beethoven, donde una pequeña célula musical de cuatro notas, PA-PA-PA-PAAAAM, sirve para dar consistencia y unidad a una catedral sonora de cuatro movimientos.

Durante el desarrollo, la idea temática del compositor se va transformando de muchas formas, mediante técnicas estrictamente musicales, como la secuencia, la alteración rítmica, la expansión, la fragmentación, etcétera. El motivo sufre una especie de metamorfosis que podríamos calificar de metafórica en el sentido de que se convierte en otra cosa sin dejar de ser él mismo. Así ocurre, por establecer una analogía poética, en los versos de Góngora «mientras por competir con tu cabello, / oro bruñido, el sol relumbra en vano», donde seguimos viendo la melena rubia de la mujer en el oro bruñido (y, sobre todo, el oro bruñido en la melena de la mujer).

En el siglo XIX, el talento de un compositor se medía no tanto por la originalidad y encanto de sus melodías como por su trabajo de elaboración intelectual del material «motívico» de partida. Esto nos lleva directamente a comprender las causas del desprecio al ruso.

Chaikovski no era un compositor motívico, sino melódico: Su material de partida no eran pequeños bloques o ladrillos musicales, sino amplios y elegantes arcos, ya perfectamente formados, que se extendían en la sinfonía a lo largo de varios compases.

Unos elementos constructivos tan grandes son más difíciles de manipular que un bloque de mortero o una pieza de barro cocido, por lo que muchas veces, la única salida que le quedaba a Chaikovski para desarrollar sus ideas a lo largo de la sinfonía era la repetición más o menos encubierta de su casi siempre hermosísimo material de partida.

La repetición es la técnica más elemental y más primitiva de desarrollo musical.

El pop es un arte tan pedestre fundamentalmente porque su único principio de desarrollo es el de repetición. La mayoría de las canciones del llamado pop de plástico son, además de iguales, más cansinas que *La flauta de Bartolo*, como ha corroborado incluso un estudio del CSIC publicado en 2012 por *Scientific Reports*.

Cuando Ravel compuso su *Bolero* y luego, a pesar del éxito, denigró su propia creación afirmando que no era música, se refería exactamente a eso: a que, al no trabajar con motivos, sino con una larga y sinuosa melodía que va variando a lo largo de decenas de compases sólo en cuanto orquestación se refiere, no existe más desarrollo que la repetición.

¿Pero rechazar una obra musical inspirada porque no tiene desarrollo no resulta tan necio como menospreciar una película conmovedora porque carece de argumento?

Me viene a la cabeza mi película favorita de Akira Kurosawa, *Dersu Uzala*. El relato de cómo se va fraguando la amistad entre el capitán y el cazador de la taiga es tan elemental que apenas se pueden destacar peripecias reseñables, pero no por ello deja de ser *Dersu Uzala* una de las obras maestras del séptimo arte.

Chaikovski, por lo tanto, es denostado por el sector más pomposo del público sólo porque exhibe poca técnica respecto a compositores más intelectuales o más dotados en este aspecto como Brahms o Bruckner.

En el Barroco, las formas musicales más técnicas eran la fuga y el canon, donde lo que se valoraba no era la capacidad que tenía la pieza para conmover a su auditorio, sino la del compositor para explotar todas las posibilidades que le ofrecía el tema, para ordeñarlo durante el desarrollo, hasta dejarlo tan seco como una toalla recién comprada. Pasado el tiempo, sin embargo, ¿qué pieza de Bach es más recordada, por ejemplo, en la *Tocata y fuga en re menor*, la tocata o la fuga? No hay que pedir el comodín del 50% para responder a la pregunta: todo el mundo se acuerda de la tocata (y de su cadencia andaluza, similar a la *Hit the Road, Jack* de Ray Charles) y casi nadie de la fuga a pesar de que la primera dura sólo dos minutos y medio y la segunda, seis. Por no hablar del contraste, en cuanto a popularidad se refiere, entre los preludios y la fugas de *El clave bien temperado*. El primer preludio en do mayor ha sido empleado hasta en el cine (*Bagdad Café*), mientras que la fuga, a pesar de ser portentosa como construcción musical, apenas genera reacción emocional en el oyente.

De hecho, hay una definición muy graciosa de la fuga según la cual es una forma musical donde las voces van entrando una a una a medida que los espectadores van saliendo del auditorio, también de uno en uno.

De la misma manera que el posturista chungo desaprueba en los demás ciertos gustos o inclinaciones musicales, como la devoción por Chaikovski o Vivaldi (considerado por muchos un compositor menor), también se impone a sí mismo el consumo de sustancias musicales tóxicas, que ni le gustan ni llegarán a gustarle en el futuro, por más tiempo que las escuche. Como esos héroes de barra de bar que en las comedias hacen la machada de beber de un trago licores fortísimos (absenta o mezcal) para parecer más viriles ante la concurrencia (y luego estallan en un ataque de tos o acaban con los ojos inyectados en sangre), los posturistas de clásica también se someten voluntariamente a martirios espeluznantes sólo para poder sentirse parte de una élite intelectual privilegiada, capaz de mirar por encima del hombro a sus compañeros de tertulia: «Me encanta Ligeti, pero comprendo que vosotros aún no tenéis el oído suficientemente formado».

Es imposible que te guste Ligeti. El húngaro nacido en Transilvania te puede inquietar, asustar, provocar curiosidad, despertar admiración, pero gustar, lo que se dice gustar, como te gustan unos huevos estrellados o una lasaña al horno, gustar como te gusta una brisa marina acariciándote el rostro o una sonrisa encantadora iluminando una tarde otoñal, eso, amigo mío, es poco probable.

La música de Ligeti no sólo es disonante y monótona (deliberadamente en ambos casos) sino que se distancia de los tres pilares con los que suele estar construida la música tradicional, melodía, armonía y ritmo, para centrarse en los cambios de textura. ¿Suena trepidante, a que sí? Si tuviera que comparar la experiencia de escuchar *Atmospheres* (quizá su pieza más famosa y representativa) con una aventura visual, diría que es como tumbarse sobre un prado escarchado, durante una noche sin luna, a contemplar cómo cambian de forma unas nubes que no se distinguen.

Ligeti (hay que pronunciarlo esdrújulamente y con fonema /g/, Lígueti, para posturear también en húngaro) emplea en sus composiciones *clusters* tonales (el sonido que se obtiene haciendo sonar a la vez, con el antebrazo, dos docenas de teclas en el piano) que dan lugar a masas sonoras donde la diferencia entre música y ruido es, como mínimo, borrosa. La capacidad de este tipo de música para crear climas sonoros opresivos es notable, por eso Stanley Kubrick se sirvió a menudo de Ligeti en la banda sonora de varias de sus películas (*2001*, *El resplandor*, *Eyes Wide Shut*). Pero nadie en su sano juicio se pone a este húngaro con aspecto de vampiro en casa o en el coche para sentirse acompañado, ni puede reprochar a un semejante que huya como de la peste de sus desasosegantes armonías.

Existe la falsa creencia de que la música clásica no es verdaderamente seria si no requiere un esfuerzo intelectual, de manera que el posturista clásico no sólo ningunea al aficionado al pop, sino que, incluso dentro la clásica, hay competiciones cainitas, por ver quién sufre más en su intento de que le guste un plato musical que le repugna. Del mismo modo que el Nexus 6 de *Blade Runner* presumía de haber visto brillar rayos C cerca de la puerta de Tannhäuser, yo he presenciado inauditas polémicas entre melómanos, en las que uno le reprochaba al otro que le gustara el cuarto movimiento de la *Novena* de Beethoven (el que incluye el *Himno a la alegría*). «Está sobrevalorado, es demasiado *mainstream*», le decía con el dolido desdén de quien se ve obligado, por enésima vez, a poner de manifiesto una obviedad.

Otra afirmación muy frecuente en el postureo musical: «Dentro de cien años, el *Cuarteto para helicópteros* de Stockhausen será un clásico como la *Pequeña música nocturna* de Mozart».

Esta vez no son los oídos de los amigos los que no están suficientemente entrenados para apreciar el verdadero arte, sino la sociedad entera la que no es capaz de metabolizar una obra demasiado vanguardista y rompedora.

El posturista no admite que una composición pueda causar rechazo por absurda o grandilocuente, siempre es el destinatario de la pieza, el público de la época, el que con sus prejuicios y cerrazón artística frustra el empeño del artista.

Hay muchas obras presuntamente innovadoras que no van más allá del capricho de un genio consentido. El *Cuarteto para helicópteros*, en concreto, no es más que la materialización de un delirio gestado por Stockhausen, quien encontró un mecenas con tanto dinero y tan poco criterio como para financiarle el proyecto. Cuatro helicópteros, con un instrumentista en cada uno (violín I, violín II, viola y violonchelo) despegan sucesivamente del mismo aeropuerto y empiezan a tocar algo parecido al zumbido de unas abejas en un panal, ruido que, al parecer, a Stockhausen siempre le había parecido fascinante. Hay tres micrófonos en cada helicóptero, uno que recoge el sonido del instrumento, otro junto a la boca del ejecutante (que emite de vez en cuando palabras semicantadas en alemán) y un tercero junto al rotor, recogiendo el rugido de la aeronave en vuelo. Los cuatro ejecutantes son filmados por una cámara de vídeo que envía la señal hasta el auditorio. Tras unos veinticinco minutos ininterrumpidos de *tremolandi*, los helicópteros regresan a la pista, los instrumentistas se bajan de los helicópteros y se reúnen con el público en un hangar para iniciar una tertulia en la que los espectadores les hacen preguntas sobre la experiencia que acaban de vivir.

Sólo falta Mariló Montero de moderadora en semejante despropósito.

Una muestra del papanatismo político-culdureta que nos invade es el hecho de que el cuarteto no llegara a estrenarse en Salzburgo, no porque lo consideraran un dislate, sino porque el Partido Verde austriaco objetó que cuatro helicópteros iban a contaminar demasiado el ambiente.

Lo que demuestra que existe una frase aún más pedorra que «hoy he soñado que era la *Cuarta* de Mahler». Es ésta: «Hoy he soñado que era uno de los cuatro helicópteros de Stockhausen».

11.

LOS SONIDOS DEL SILENCIO
Y LOS SILENCIOS DEL SONIDO

Pero el Everest del postureo chungo aún está por escalar. Es la frase «a mí una vez me salvó del suicidio *4'33"* de John Cage», demencia que no he llegado a oír en boca de ningún aprendiz de Frasier por la sencilla razón de que esa obra del compositor estadounidense es totalmente silenciosa. Sin embargo, como decía Unamuno, es tanta la adulteración que el estudio puede causar en la mente del estúpido que no me extrañaría oírla de aquí a poco en boca de algún pedante. Incluso de mí mismo.

No es broma. Tal vez me decida a emplearla para posturear en la próxima cita amorosa porque a diferencia de la de Stockhausen, la obra de Cage es musicalmente revolucionaria, filosóficamente atractiva y emocionalmente intrigante. Y, además, ¡qué coño! Me encantan los pedantes. Me aficioné a ellos en la tertulia de *¡Qué grande es el cine!* de Garci y desde que me la quitaron, me veo obligado a tirar yo del carro.

4'33" es al mismo tiempo el título de la obra de Cage y la duración de la misma. Consta de tres movimientos, en cada uno de los cuales sólo hay una indicación para el intérprete: *tacet*, verbo latino que el padre de Felipe VI habría traducido gustoso como «¿por qué no te callas?». El intérprete debe permanecer quieto y, sobre todo, callado durante los cuatro minutos y medio que dura la obra.

Conozco bien la pieza de Cage (que se puede interpretar con cualquier instrumento o agrupación musicovocal) porque yo mismo tuve ocasión de dirigirla en el Festival de Música de Robles de Laciana. Un pequeño grupo musicovocal, en el que se encontraban intérpretes de la talla de la pianista Rosa Torres

Pardo o la soprano Ruth Rosique, aceptó ponerse bajo mi batuta para tocar *4'33"*. Ante una nutrida concurrencia, hice una breve introducción a la obra de Cage y luego ofrecimos el concierto, que hizo las delicias del público. La única música fueron los mugidos de las vacas leonesas, los graznidos de las cornejas de Villablino y (lo mejor de todo) las risas de los lacianegos, que se mostraron entusiasmados por poder participar en aquel experimento. Se lo tomaron como una pequeña tomadura de pelo de la que se hicieron gustosamente cómplices.

Hoy, la obra de Cage despierta curiosidad, comprensión y sonrisas. El día de su estreno (9 de agosto de 1952 en el pequeño pueblo de Woodstock, Nueva York), desató deserciones, indignación y rechazo a pesar de que el concierto se dio a beneficio de una sociedad que promovía la música de vanguardia. Cuando después del primer movimiento, que dura 30 segundos, el público comprendió que allí no iba a pasar nada, empezaron los murmullos de desaprobación, las muecas de desagrado y la desbandada general.

Sin embargo, cuando Cage concibió la obra, no lo hizo con la intención de tomar el pelo a nadie. De hecho, llevaba reflexionando sobre la posibilidad de poner en escena una obra silenciosa desde varios años antes, pero no encontraba la manera de darla a conocer sin que pareciera una broma. Detrás de todo lo que hacía Cage había una motivación artística o, más bien, filosófica. Años antes del estreno, el compositor había conocido a una estudiante de armonía hindú, con la que intercambió clases, que le explicó el sentido de la música en la India. «La música en mi país no se usa para expresar emociones ni para entretener a la gente —le aclaró la muchacha—. Se usa para apaciguar la mente, de modo que ésta sea más receptiva a lo que nos rodea.»

Esta idea de la música no como un fin en sí mismo, sino como catalizadora de un proceso de apertura mental, fascinó a Cage.

El compositor también estaba enamorado de la idea de que el silencio no es algo físico, sino que es un estado mental. «El silencio es la ausencia de sonidos voluntariamente buscada», (¡toma frase para soltar en una cena romántica, clásica, neogótica o posmoderna!).

Esta afirmación es fácil de entender y de aceptar si tenemos en cuenta el hecho de que cuando estamos abstraídos en nuestros propios pensamientos, no escuchamos nada de lo que tenemos alrededor. Puede haber más silencio, por tanto, en mitad de un atasco de tráfico que en la quietud de nuestro dormitorio, en el sentido de que podemos no oír el ruido de los coches porque nuestra mente lo filtra por irrelevante y estar obsesionados en cambio con el ruido que produce cualquier radiador por la noche, cuando la estructura del mismo se enfría al bajar el climatizador y empieza a emitir los característicos y metálicos *chac-chac*.

De hecho, en la historia de la música ha habido compositores que, como Schubert, hallaban más concentración en el bullicio de un café que en la soledad de un parque. De alguna manera, la bulla ambiental forzaba a sus oídos a cerrarse y a entrar en diálogo creativo consigo mismo.

Cage se dio cuenta de que el silencio físico no existe cuando visitó la cámara anecoica (es decir, sin eco alguno) de la Universidad de Harvard. Una cámara anecoica es una sala aislada del mundanal ruido con paredes forradas con pirámides o cuñas de gomaespuma u otro material aislante, en la que cualquier sonido que produzcamos se extingue de inmediato, por incapacidad para rebotar sobre las superficies adyacentes. Se usa para experimentos científicos y también para pruebas de electrónica comercial, cuando un fabricante quiere comprobar de verdad el ruido que produce su producto.

Cage entró allí para tratar de experimentar el silencio absoluto y se quedó frustrado porque en cuanto sus oídos y su mente se adaptaron a la cámara, empezó a escuchar dos frecuencias que provenían de su propio cuerpo. Ante la imposibilidad de percibir los sonidos del exterior, los oídos de Cage se volvieron hacia dentro y le hicieron llegar un sonido grave y otro agudo. El técnico que lo acompañaba le reveló que eran, respectivamente, el ruido de la circulación de la sangre y el de su sistema nervioso. La circulación de la sangre se percibe sobre todo en la cabeza, en oleadas rítmicas de frecuencia ultragrave que vienen y van, como olas del mar barriendo continuamente la playa: *woooooosh, woooooosh*. El sistema nervioso es una frecuencia infinitamente más aguda y continua, como el zumbido de un aparato electrónico. Éstos son los dos sonidos que ni siquiera en inmovilidad extrema dentro de una cámara anecoica pueden evitarse: en cuanto uno hace el más mínimo movimiento, se suman otros ruidos, magnificados por el silencio, como el roce de la ropa, el deglutir de la saliva o la fricción de los dedos sobre nuestra piel cuando nos tocamos la cara.

La cámara anecoica más perfecta del mundo está en Minneapolis (Estados Unidos) y la publicidad dice que ninguna persona ha logrado permanecer en ella más de cuarenta y cinco minutos. Pasado ese tiempo, la falta de estímulos sensoriales hace que la sala parezca cada vez más pequeña hasta convertirse en algo sólo un poco menos opresivo que un ataúd. Los sonidos de nuestro propio cuerpo empiezan a obsesionarnos y hay que pedirle al encargado que nos abra la puerta cuanto antes. No en vano, una de las maneras como torturaban a los presos en Guantánamo es la privación sensorial.

En una cámara anecoica, las condiciones de silencio absoluto se alcanzan por medio de las cuñas o pirámides de dos caras que forran las paredes. Los sonidos graves alcanzan la pared y son ahogados por las caras enfrentadas de dos cuñas adyacentes donde rebotan una y otra vez sin posibilidad de escapar ya al exterior hasta que se extinguen por completo. Las frecuencias agudas son directamente absorbidas por el material de que están hechas las cuñas, que suele ser gomaespuma o fibra de vidrio.

Pero regresemos a John Cage. Además de su descubrimiento de la filosofía hindú, que le permitió ver cómo la música puede adquirir un sentido y una función diferentes de los que tienen en Occidente; además de la experiencia anecoica, que lo introdujo a los ruidos inextinguibles de su propio organismo, Cage tuvo un último y definitivo estímulo para lanzarse a componer 4'33'': el encuentro con las pinturas blancas de Robert Rauschenbeg, un artista estadounidense que se atrevió a hacer una exposición de cuadros monocromáticos en los años 50. Cage visitó la exposición y, lejos de sentir que le estaban tomando el pelo (como el personaje de la obra teatral *Arte* de Yasmina Reza), vio en aquellos cuadros blancos «aeropuertos de luz, de sombras y de partículas». Nuestro hombre quedó fascinado por la capacidad de esas superficies para captar los más mínimos matices en los cambios de luz, una tesis también defendida por el propio Rauschenberg, que sostenía que uno podía llegar a decir cuántas personas había en la galería sólo por el modo como un cuadro blanco reflejaba la luz ambiental (tal vez sí y tal vez no).

En cuanto vio el tríptico blanco de Rauschenberg, Cage sintió un gran alivio porque, de alguna forma, aquellas pinturas le daban permiso para embarcarse en su obra silenciosa: «Tengo que hacerlo —se dijo—, de otro modo la música se quedará rezagada». Música y pintura han ido evolucionando a lo largo de la historia del arte entregadas a una sana rivalidad. Hay quien dice, por ejemplo, que Beethoven ya hacía «música cubista» a comienzos del siglo XIX, cien años antes de que Picasso y Braque «inventaran» ese estilo o esa técnica o lo que ustedes quieran. Lo cierto es que Cage vivió los años de incubación de 4'33" con miedo a su propio miedo de quedar como un simple bromista. Un miedo paralizante que (según él) habría dejado a la música por detrás en su duelo vanguardista con la pintura.

Cuando las pinturas blancas lo convirtieron, como dice la publicidad, en gente sin complejos, Cage tenía otro desafío por delante: fijar la estructura de la pieza. Los hexagramas del *I Ching*, el libro oracular chino al que era tan aficionado, le revelaron lo que debía durar la obra, cuántos movimientos tenía que tener y la duración de cada pasaje.

Por fin llegó el día del estreno, el 29 de agosto de 1952, y Cage confió la presentación de la pieza, donde no había que tocar ni una sola nota, a un pianista profesional llamado David Tudor. La liturgia de la obra tiene que ser tal que el público crea que puede llegar a pasar algo para que su concentración en el escenario sea total. De ahí la necesidad de un buen pianista y de una partitura como Dios manda. Tudor colocó en el atril del piano un papel pautado con los pentagramas vacíos y fue pasando las hojas con una mano mientras con la otra sostenía el cronómetro.

A pesar de que el lugar donde tuvo lugar la *premiere* de 4'33'' era un auditorio para obras de vanguardia con un público acostumbrado a obras más o menos extravagantes, los asistentes se sintieron ultrajados por aquel experimento y empezaron a abandonar la sala refunfuñando por lo que consideraban una completa tomadura de pelo.

Aún hoy, uno pregunta en Woodstock por la obra de Cage y sólo encuentra malas caras por respuesta. (O eso dicen, porque sospecho que muy pocos recuerdan tan magno acontecimiento.)

Cuando empezó el primer movimiento, Tudor cerró la tapa del piano, que estaba abierta desde el comienzo, y empezó a cronometrar la duración de ese pasaje: 33 segundos según las indicaciones del compositor. No hay grabación en audio o vídeo de aquel espectáculo que cambió para siempre el modo de ver la música y tampoco se conserva la partitura original. Cage cuenta que los sonidos principales, los más audibles, de *4'33''* el día del estreno fueron el viento agitando las hojas en el primer movimiento, la lluvia repiqueteando contra las ventanas en el segundo y las protestas de los espectadores en el tercero.

Cuando le preguntaban a Cage si era necesario reunir a la gente en un auditorio sólo para escuchar sonidos de la naturaleza o risitas de espectadores, él solía contestar que era precisamente la tensión del concierto lo que hacía que éstos prestaran atención al ambiente que los rodeaba. De otro modo, sus mentes habrían filtrado sin contemplaciones esos sonidos y se habrían cerrado sobre sí mismas en lugar de abrirse al exterior, que era lo que se proponía el compositor.

Como éste es un libro de postureo musical, esta homilía sobre el significado de la música y el silencio para Cage se puede utilizar, condensada durante la cena o, mejor aún, a la salida, cuando aún no está claro si habrá una copa antes de marcharse cada mochuelo a su olivo o incluso si esa última copa podría ser en casa de alguno de los dos. En vez de decir la manida frase de «¿quieres subir a mi casa a tomar algo?», una propuesta con intenciones demasiado obvias, él o ella puede decir:

—Me gustaría que oyeras *4'33"* como nunca la has oído en tu vida.

—¿Ah, sí? ¿Con qué instrumento la tocas?

—Con un idiófono. Le doy un aire muy español.

Y al llegar a casa sacaremos una botella de Anís del Mono, una cuchara y un cronómetro para ofrecer a nuestra conquista de la noche la versión más carpetovetónica de la obra más famosa de John Cage.

Ni siquiera hay que tener la botella de anís. Hay una aplicación de *smartphone* llamada *monomusic* que es una botella virtual, con su cuchara correspondiente, y sirve para acompañar villancicos o cualquier otra tonada que nos apetezca. La botella se puede llenar o vaciar a voluntad para obtener un repiqueteo más grave o más agudo.

¿Se puede considerar música, en el sentido físico del término, una pieza silenciosa? Tengo mis dudas. Si bien es cierto que tantos los sonidos musicales como los ruidos están hechos del mismo material (esto es, de ondas sonoras que se propagan por el aire), las ondas musicales son cíclicas y tienen una forma definida, mientras que las del ruido son amorfas y su patrón de repetición es impredecible.

Pero lo más importante es que para que algo pueda ser considerado una obra de creación, por no hablar de una obra de arte, el compositor le tiene que indicar al intérprete que haga algo, por muy peregrino que sea.

Hay otra obra famosa de Cage llamada *Imaginary Landscape Number 4* que también podría encuadrarse en la categoría «ida de olla» a la que pertenecen tanto *4'33"* como el *Cuarteto para helicópteros* de Stockhausen. Está concebida (no me atrevo a decir compuesta) para 24 instrumentistas y 12 radios y dura unos 5 minutos. Los instrumentistas se sientan en semicírculo alrededor del podio del director con una radio en el regazo y frente a un atril con partitura. Uno de los ejecutantes se encarga de mover el botón del dial y el otro el del volumen. Aunque lo que llega hasta el espectador en cada concierto es distinto porque no hay manera de saber qué emiten las radios en cada momento, al menos el modo como los instrumentistas manipulan los botones sí está previsto y descrito por Cage en la partitura. Por lo tanto, aunque excéntrica y aburridísima, *Imaginary Lanscape Number 4* sí puede considerarse una creación artística.

A pesar de mi resistencia a considerar *4'33"* una obra de arte, lo cierto es que cuando el músico británico Mike Batt incluyó en su disco *Classical Graffiti* un corte silencioso al que llamó *One Minute's Silence* y lo firmó como Batt/Cage, los editores del estadounidense, la casa Peters, se lanzaron a degüello sobre él y lo amenazaron con un pleito millonario que al final acabó resolviéndose con un acuerdo privado. Batt les entregó un talón por una cantidad de seis cifras y se disculpó diciendo que sólo quería rendir un homenaje a su ídolo.

Hay una pieza del compositor estadounidense que es aún más loca que *4'33"*. Estoy hablando de *As Slow as Possible*, en principio compuesta para piano, pero versionada años más tarde para órgano. El atractivo de esta pieza de Cage es que el compositor no especifica el tempo en la partitura, por lo que el intérprete puede tocarla a la velocidad que desee. Pero cuando Cage dice tan lento como sea posible, ¿a qué se está refiriendo? ¿Tan lento como sea posible físicamente o tan lento como sea posible musicalmente? *Posible musicalmente* significa tocarla a un tempo en que los acordes y las notas no desaprovechen la energía generada por los sonidos que los preceden. ¿Pero qué energía es ésa?

Tal vez se entienda mejor con un ejemplo gráfico. Yo puede escribir el nombre JOHN con las letras juntas o espaciarlas un poco, J O H N, con lo que el ojo las seguirá conectando, o incluso puedo ir más allá y escribir J O H N, pero llegará un momento en que si espacio demasiado las letras, como en J O H N, al ojo le costará cada vez más relacionar las letras y, aunque lo consiga, encontrará irritante y gratuito tener que hacer el esfuerzo de efectuar esa conexión. Eso es lo que pasa cuando un intérprete escoge un tempo demasiado lento. La energía generada por cada nota muere antes de que suene la siguiente y la música se estanca, como un coche que debemos arrancar una y otra vez porque se cala cada dos por tres. La lógica musical impone sus reglas.

Los músicos que han interpretado la pieza hasta ahora, sin embargo, se lo han tomado al pie de la letra. Ya ha habido una versión de hasta quince horas, y algunos planean incluso hacer una que dure cuarenta y ocho. Sin embargo, la auténtica ida de olla con esta obra está teniendo lugar en una pequeña ciudad alemana llamada Halbertstadt. En 1997, un grupo de filósofos y musicólogos empezó a reunirse con carácter periódico para hablar sobre qué se podía hacer de original con la pieza de Cage (el compositor había fallecido en Nueva York en 1992). Las deliberaciones de este peculiar grupo de estudio duraron cerca de dos años y debieron de ser muy parecidas, por su carácter especulativo, a las mantenidas en Florencia por Vincenzo Galilei y su Camerata Bardi cuando decidieron crear un nuevo género llamado ópera. Al término de las mismas llegaron a la conclusión de que el tempo de la pieza, que en principio iba a empezar a interpretarse en 2000, tenía que ser el tiempo de vida hasta esa fecha del órgano en el que iba a interpretarse, que era del siglo XIV.

El cálculo arrojó una duración de 639 años. El propósito de semejante dislate es ofrecer un contrapeso musical al ajetreo de la vida moderna. ¿No hay *slow food*? ¿Pues por qué no hacer entonces *slow music*?

Para llevar a cabo este experimento se ha creado un órgano que funciona en piloto automático. Tiene sólo seis tubos (de momento; según vaya avanzando la partitura y entren más notas en juego se irán añadiendo más, sufragados por donaciones de particulares) y, como suena noche y día, está instalado dentro de una caja de metracrilato para evitar molestias a los lugareños. Cuando llega el día del cambio de nota, el sacristán del templo cambia los contrapesos de los pedales del órgano, que está alimentado por un fuelle continuo, y el instrumento empieza a emitir el nuevo sonido. El último cambio ocurrió en 2013, lo que hay ahora es una nota grave que seguirá sonando de manera ininterrumpida hasta el 5 de octubre de 2020 (todos los cambios se producen en el día 5 del mes elegido). El órgano de la Iglesia de San Burchardi se ha convertido en una atracción turística que garantiza al pueblo miles de visitas al año. Sólo para el cambio de nota de 2009 se reunieron más de mil personas.

¿Cómo aprovechar la filosofía que destila la pieza ultralenta de Cage para el encuentro romántico al que está destinado este libro? Muy sencillo: por aquello de que su curva de excitación es más lenta que la del varón, a las mujeres les gusta que su amante no se precipite durante lo que Félix Rodríguez de la Fuente habría llamado *acto del apareamiento*. Melody Gardot lo canta incluso en *Love Me as a River Does* («ámame como un río, no eres ninguna catarata», dice en el estribillo). Pero como éste es un libro sobre música clásica, el chico podría dejar caer algo distinto: «A mí no me gusta la pieza de Cage, pero sí su filosofía de la lentitud, que aplico a las dos cosas más importantes de mi vida: pagar a mis acreedores y practicar el sexo». Ella quedará fascinada por esta promesa con ribetes culturetas de un primer encuentro amoroso ejecutado a cámara lenta.

12.
¡VEO, VEO, POSTUREO!

En estos capítulos dedicados a frases presuntuosas y pedantes no podíamos dejar de entrar a saco en «la música tonal está superada».

Esta afirmación está directamente relacionada con la de «me encanta Ligeti», pero contiene matices distintos. Cuando alguien sentencia que la música tonal está superada no está tanto criticando a los espectadores que asisten a los conciertos de las tres bes (Bach, Beethoven y Brahms) como a los compositores que siguen ¿emperrados? en hacer música a la antigua. «¡Un creador de hoy en día no puede seguir componiendo en do mayor, de la misma manera que un pintor moderno tampoco puede seguir pintando lienzos al estilo de Velázquez!», protestan estos fundamentalistas de la vanguardia.

El problema de semejante aserto es que encierra una falacia. Componer al estilo de Bach o de Beethoven significaría organizar las ideas musicales con las reglas que se usaban entonces, reglas que hay que conocer, pero que, efectivamente, empleadas ahora, darían como resultado una obra demasiado viejuna. La música de Bach explora casi siempre, de manera rigurosa y obsesiva, las posibilidades una sola idea musical y las explota hasta el final, un poco a la manera en que el pintor impresionista Monet usó los almiares de Giverny para repetirlos veinticinco veces en otras tantas composiciones distintas, donde exploró las variaciones de luz y de tiempo meteorológico y estacional y su influencia a la hora de percibir esos almacenes de grano. Bach toma un motivo musical y empieza a preguntarse «¿cómo suena esto transportado a la dominante?, ¿y en el relativo menor?, ¿y con qué contrasujetos puedo contrastarlo?» hasta que prácticamente todas las posibilidades combinatorias del material de partida quedan agotadas y la vaca musical ha sido ordeñada concienzudamente.

Ordenar los sonidos a la manera de Beethoven significaría alejarse de este método discursivo para emplear la forma sonata, donde se exploran dos ideas contrapuestas de manera no simultánea sino consecutiva, una más contundente y masculina y otra más delicada y femenina.

De la misma manera, pintar ahora al estilo de Velázquez implicaría emplear o bien el naturalismo tenebrista de los primeros años del artista o el estilo luminoso del blanco plomo de sus años de madurez.

Pero los que sostienen que la música tonal está superada no están hablando de estilos musicales porque la superación del sistema tonal implica mucho más que eso. En el caso del dodecafonismo, por ejemplo, consiste en que deja de haber unas notas más importantes que otras y todos los sonidos adquieren la misma categoría.

Como si alguien le hubiera dicho a Velázquez: «Has usado el amarillo de Nápoles para la infanta, ya no puedes volver a meterlo en el lienzo hasta que no hayan aparecido los otros colores de tu paleta: bermellón, tierra de Sevilla, azul ultramar, etcétera. Y además los tendrás que usar en una serie de doce colores que te vamos a imponer desde el arranque».

Nadie ha cometido con la pintura (ni con ninguna de las otras artes) la arbitrariedad que se ha cometido con la música. Tal vez sea ésa la razón por la que hoy en día nadie se atreva a decir que un cuadro de Pollock o del Picasso más cubista es una estafa, a pesar de las fuertes resistencias que despertó la vanguardia pictórica en su día, y en cambio todo el mundo encuentre perfectamente razonable escuchar que Stockhausen o Cage suponen una tortura para el oyente.

En música, el fenómeno del suplicio artístico al que la vanguardia somete a veces al espectador es más acentuado que en la pintura porque el público está cautivo en la sala de conciertos, cosa que no ocurre en la galería de arte. En el auditorio, sólo en caso de extrema necesidad se podría uno marchar a los dos minutos de que empezara la retahíla de incoherentes disonancias, pero quedaría feo y habría que poner cara de «mi madre se ha caído en la ducha y tengo que ir al hospital». En una galería de arte, en cambio, si te aburre o te ofende un cuadro, te plantas delante del siguiente y aquí no ha pasado nada. Nadie te va a reprochar a la salida que sólo hayas aguantado diez segundos delante de *Postes azules* de Jackson Pollock.

Pero hay otra razón de peso para explicar el rechazo que aún hoy sigue causando entre los melómanos de a pie la música contemporánea, rechazo que no tiene que ver únicamente con el hecho de que no te puedas ir del auditorio. La música tonal no será nunca superada, por lo menos no a la manera en que lo están las cintas de casete o los teléfonos móviles con pantalla en blanco y negro, por la sencilla razón de que es un sistema de organización musical que emana de las leyes de la física.

Sol es la dominante de do no porque lo haya decidido Johann Sebastian Bach, sino porque es la segunda vibración más importante de esa nota.

Cuando un cuerpo vibra (ya sea una cuerda de violín, una columna de aire de un clarinete o el parche de un timbal), vibra como un todo, pero también vibran sus dos mitades, sus tres tercios, sus cuatro cuartos, etcétera. Cada una de esas vibraciones menores produce un sonido distinto, que es enmascarado por el sonido principal, el de la cuerda vibrando como un todo, el más potente y audible.

Podemos comprobar este fenómeno de manera indirecta en un piano de la siguiente manera. Las cuerdas vibran, además de al ser percutidas o pulsadas directamente por el instrumentista, también por un fenómeno físico llamado «simpatía». Es el mismo proceso por el que nos entra la risa cuando oímos una carcajada contagiosa. Una cuerda *oye* una frecuencia similar y responde poniéndose a vibrar también ella. Si pulsamos despacio la tecla sol (la quinta, en la escala de do) y la mantenemos apretada para que las cuerdas de esa nota sean libres de vibrar y luego golpeamos con fuerza la tecla do, soltándola de inmediato, el sonido do se apagará en el acto, pero se quedará flotando en el aire el sonido sol, de la tecla que mantenemos pulsada. ¿Por qué ocurre eso? Porque el do también lleva dentro un sol, sólo que tan tenue que sólo otro sol es capaz de reconocerlo. El oído humano, con sus limitaciones, no es capaz de advertir que bajo el sonido do está también sonando un sol, igual que nuestro ojo no es capaz de distinguir (por el fenómeno de la persistencia retiniana) que el continuo analógico de una película no es más que el agregado de 24 fotogramas individuales.

Cuando decimos que, en la escala de do, el do es la nota más importante, la lideresa en el vocabulario político actual, y que la pieza tiene que estar organizada en torno a esa nota, no estamos adoptando un punto de partida arbitrario: estamos afirmando un hecho cierto que se está produciendo físicamente en la pieza.

Tras la Primera Guerra Mundial llegó un compositor llamado Arnold Schoenberg que, dando simbólicas palmas de advertencia como si estuviera despejando un local a punto de cerrar, dijo: «¡Señores, la tonalidad queda clausurada! A partir de este momento adoptaremos otro sistema que proporcionará a la música alemana otros cien años de supremacía».

Cuando un posturista afirma que la música tonal está superada, normalmente quiere decir que lo que él considera intelectualmente superior es la música que requiere un notable esfuerzo por parte del auditorio, cuando no el sufrimiento puro y duro del público en el patio de butacas.

Una vez le oí decir a un amigo que se acababa de divorciar que si a su expareja y a él los separaban cien metros emocionales, él estaba dispuesto a recorrer noventa para reconciliarse con ella, pero que los otros diez debía recorrerlos la chica. Pues bien, la música de vanguardia es la chica que no está dispuesta a recorrer ni un solo metro para acercarse a su auditorio, todo lo tiene que hacer el espectador desde el patio de butacas. Lo cual resulta, además de poco comercial, artística y moralmente abusivo.

Cuando en el periodo de entreguerras, Schoenberg y otros compositores de la llamada Escuela de Viena, decidieron implantar, un tanto artificialmente, el sistema de composición de doce sonidos, empezó el divorcio entre el público y los compositores de la llamada música culta; pero este enfriamiento de la relación llego a convertirse en cese total de la convivencia después de la Segunda Guerra Mundial, cuando, además de música dodecafónica, los espectadores tuvieron que padecer suplicios como la música concreta, la electroacústica y la aleatoria, en la que podía suceder que unas pelotas de pimpón, dejadas caer al azar sobre el arpa de un piano, fueran las encargadas de provocar la emoción en el oyente.

El resultado de estos experimentos de la vanguardia musical fue que los auditorios de música clásica empezaron a quedarse vacíos. El público buscó refugio en la música de baile y en el rocanrol; pero esta música era repetitiva y previsible y, aunque útil para menear el esqueleto un sábado por la noche, en modo alguno podía llegar a servir de alimento espiritual para almas sedientas de sutilezas sonoras.

Y en esto llegaron los Beatles.

Los cuatro de Liverpool, que también se habían iniciado en la música con temas divertidos (pero musicalmente elementales) de Chuck Berry o Little Richard, se dieron cuenta de que las técnicas tonales de toda la vida, con la modulación a la cabeza (cambio del centro tonal en mitad de la pieza), habían quedado arrumbadas por los compositores clásicos como muebles viejos junto a un contenedor de basura. A modo de chamarileros artísticos, los Beatles recogieron de las aceras de la música clásica estás técnicas musicales que los compositores cultos ya no querían para sí y las empezaron a emplear para sofisticar sus canciones, que se volvieron cada vez más interesantes y refinadas. En el fantástico documental sobre los Beatles que el músico Howard Goodall grabó para la televisión, se pone de relieve (entre otras sutilezas) la complejidad armónica de *I Am the Walrus*, que sólo en la introducción tiene ocho acordes diferentes, o la sorprendente modulación descendente de *Penny Lane* al llegar el estribillo.

Ningún músico pop se había atrevido hasta entonces a sofisticar hasta ese punto una canción de tres minutos, destinada, en principio, sólo a ser bailada en un guateque juvenil.

Después de demostrar decenas de veces que eran capaces de introducir genialidades en cada uno de sus temas, los músicos de clásica, con Leonard Bernstein a la cabeza, tiraron la toalla y saludaron a los Beatles como a los schuberts del siglo XX.

¿Superada, dices? ¿La música tonal? Ni Beethoven es el sistema VHS ni Bach el Windows 98 ni Brahms el viejo Ford T que se arrancaba con manivela. Búscate otra frase para tratar de aparentar que sabes algo de música, no sé, algo como «una vez a la semana siento la imperiosa necesidad de escuchar cuerda frotada».

¡Eso sí que es postureo!

13.

LA MÚSICA DE LA CASTA

En el capítulo «La seducción de Julia» afirmaba que si la música clásica es música de postureo no es sólo porque es más sofisticada que el pop, sino porque sólo la alta burguesía puede permitírsela.

Un abono en el Auditorio Nacional sigue teniendo un precio prohibitivo para las clases menos favorecidas, y más todavía en esta época de miseria económica que algunos han decidido llama austeridad.

Por lo tanto, cuando oyes a alguien hablar con gran soltura de música clásica no sólo piensas que es muy culto, sino también que está forrado: uno de esos mamones que se han enriquecido con la crisis. No es lo mismo saber mucho de cine (por ejemplo) que saber mucho de clásica.

Hay algo muy aristocrático en la segunda que la hace un arte especialmente indicada para darse pisto en un momento de flirteo. Si dices por ejemplo durante una cena con un ligue que «el cine de Theo Angelopoulos está habitado por largos planos secuencia y por planos "vacíos"», marcando este último adjetivo con las comillas aéreas que nunca pueden faltar en la conversación de un verdadero pedante, la chica puede pensar que lo has leído la víspera en la Wikipedia.

Pero si dejar caer que la Filarmónica de Viena suena mejor en el Avery Fisher Hall que en el Carnegie Hall, especialmente el viento metal, que en este último resulta a veces de una estridencia insoportable, pensará que no sólo tienes un oído muy refinado, de gurmé musical, sino que dispones del dinero necesario para irte a Nueva York a darte el lujo de escuchar a tu orquesta o director preferido.

Y si ya añades «algún día te llevaré conmigo a un concierto en el Avery Fisher, aunque ahora que ha fallecido Lorin Maazel no puedo asegurarte que la orquesta siga sonando igual de bien», creo que tienes asegurada la conquista esa misma noche. Si el turismo sexual es lo más cutre que existe, el musical es lo más exclusivo. Si hay algo especialmente aristocrático dentro de la clásica es la ópera, naturalmente. Si la música instrumental es el solomillo de la clásica, la ópera es, directamente, el *tournedó*.

La ópera es aristocrática porque nació en el patio de un palacio, en concreto en el del palacio de Giovanni Bardi, conde de Vernio. Por si un palacio florentino no fuera lo suficientemente distinguido, el del Palazzo Bardi es obra de uno de los más grandes arquitectos y escultores del Renacimiento, Filippo Brunelleschi.

Durante muchos años, el conde de Vernio estuvo invitando a su mansión a lo más florido y granado de la cultura y el pensamiento de la época para discutir sobre música. La tertulia que se reunía en su palacio se conoce hoy día como la Camerata Fiorentina y era un especie de *think tank* de la artes. Sus integrantes, entre los cuales había eximios poetas y músicos, entre ellos Vincenzo Galilei, padre del famoso astrónomo, se pasaban el día conspirando como los pistoleros del pensamiento de las fundaciones políticas. ¿Conspirando contra qué? Contra la polifonía.

Si los neoliberales y neoconservadores dedican todo su tiempo, dinero y energías a inventar teorías para desmontar el keynesianismo y el chavismo, los intelectuales amparados por la magnanimidad de Bardi empleaban gran parte del día a despotricar contra el estilo musical dominante en la época, el madrigal (varias voces cantando un mismo texto pero con diferentes melodías y ritmos, al revés que en el canto gregoriano, donde hay muchas voces humanas, pero todas cantan al unísono la misma voz musical, es decir, la misma melodía).

Para Bardi y su cuadrilla de músicos y poetas, la polifonía, además de hacer el texto ininteligible, era incapaz de transmitir una única emoción, un único afecto, que es lo que predomina en cualquier aria de ópera.

En las óperas hay recitativos y arias. En los recitativos, los personajes hacen avanzar la acción: haz esto, dame aquello, me voy de París, ¡te mataré!, etcétera, y en las arias, en cambio, los personajes cuentan cómo se sienten: estoy triste, estoy alegre, tengo miedo o menudo cabreo me he pillado.

El más influyente (y quizá también el más talentoso) de los pensadores y artistas que se reunían en el *think tank* del conde Bardi era el padre de Galileo Galilei. Vincenzo era laudista, compositor y teórico musical y estaba fascinado por un historiador y humanista, estudioso de la literatura griega, llamado Girolamo Mei. Como éste vivía en Roma y el otro en Florencia, mantenían apasionados debates epistolares en torno a la magna obra que había escrito Mei, naturalmente en latín, la lengua de los eruditos del siglo XVI: *De modis musicis antiquorum.*

Mei, un estudioso de la tragedia griega, había llegado a la conclusión, tras empollarse concienzudamente las teorías de Aristógenes de Tarento sobre las analogías entre la música y el habla, de que la tragedia griega (la de Sófocles y Eurípides) no era declamada por los actores, sino más bien semicantada, en una forma de expresión que pasó a denominarse *stile recitativo* o *rappresentativo.* Durante gran parte del drama, sostenían Mei y Galilei, los actores eran (permítaseme la licencia) como los niños de San Ildefonso, que no llegan a «decir» los números y premios del sorteo, pero tampoco se puede decir que los canten. Se trata más bien de un sonsonete, de una repetitiva cantilena para darle más ritmillo y expresividad al sorteo. Muchos de ellos cantan bien, pero otros (pobres diablos), desafinan como auténticos perros. Si lo de los niños de San Ildefonso fuera auténtica melodía y no un recitativo operístico muy básico, el criterio más importante para elegir a los que salen sería el musical: que supieran cantar como los ángeles. En cambio, los propios educadores del colegio admiten sin reservas que el factor número uno es el temperamento: han de ser niños alegres, que transmitan buen rollo ante las cámaras. ¿Que calan las notas medio tono? No pasa nada porque son «muy salaos».

Si saliese a colación el tema lotería en la primera cita amorosa (muy raro que en España no se hable de los décimos que uno ha comprado o dejado de comprar), se puede posturear un poco afirmando muy seguros de nosotros mismos que los niños de San Ildefonso cantan sobre una escala pentatónica de cinco notas, de la que sólo utilizan tres, la quinta, la cuarta y la tercera. Siempre esas mismas tres notas descendentes, una y otra vez. Eso es austeridad y lo demás son cuentos, ¿no estáis de acuerdo?

Pero volvamos a Vincenzo Galilei y al nacimiento de la ópera.

Lo más llamativo del modo como surge el género es que todo parte de una especulación intelectual.

En la sociedad del siglo XXI, el verbo *especular* ha adquirido connotaciones tan negativas que sólo se usa ya para denunciar teorías intelectualmente deshonestas o para designar las marrullerías financieras de los tiburones de la Bolsa.

Sin embargo, para el DRAE, *especular* también es positivo: «2. tr. Meditar, reflexionar con hondura, teorizar. U. t. c. intr.».

Es lo que hizo la Camerata Fiorentina, con Galilei a la cabeza: especular, en el buen sentido de la palabra.

Inspirados por las investigaciones de Girolamo Mei, los músicos que se reunían en el Palazzo Bardi empezaron a componer en un nuevo estilo con una sola idea de la cabeza:

«Como somos renacentistas y el Renacimiento es la vuelta al mundo clásico (tras las tinieblas medievales), hagamos representaciones al modo griego».

En realidad, ignoramos si Mei tenía o no razón, no hay forma de saber si los griegos canturreaban o no en el teatro porque no conservamos ninguna partitura de tragedia griega. Mei llegó a esa conclusión en base, como dicen los criminólogos, a pruebas circunstanciales. Pero como dicen los propios italianos: *se non è vero, è ben trovato.*

No deja de resultar irónico que siendo la ópera un invento renacentista llegara a convertirse en el género más exitoso del Barroco.

Mei puso las ideas y el padre de Galileo las llevó a la práctica. Fue él quien convenció a sus compañeros de la Camerata Fiorentina de que había que declarar la guerra al madrigal, que es tanto como decir a la polifonía. Y eso que antes de su conversión a la «monodía acompañada», Galilei había publicado hasta cuatro libros de madrigales.

«Perdona —dirá uno de los dos tortolitos de nuestra cena imaginaria llegados a este punto—. Me encanta que me cuentes cosas de música, pero me he perdido. ¿Qué es la polifonía?» La pregunta requiere una aclaración inmediata, pues de lo contrario no podremos seguir postureando sobre ópera.

La polifonía no es, como podría hacer sospechar el nombre, la música que escucha la policía, sino un modo de componer que implica que suenan a la vez dos o más voces. En el Renacimiento se llegó a tal exceso que se componían misas para 32 voces.

En música, cuando se habla de voces musicales no se alude al número de personas cantando en un coro, sino al de melodías diferentes que tiene la composición. Un madrigal para ocho voces quiere decir que suenan al tiempo ocho melodías diferentes, creando armonías y juegos de imitaciones entre sí.

Hay que manejar el término polifonía con la misma soltura que Billy el Niño su revólver, no sólo para impresionar al otro en la cita, sino porque hay polifonía en el mundo actual por todas partes, aunque por supuesto no tan compleja como la de aquella época.

Abramos YouTube y busquemos la canción *Waterloo* de Abba, para ver quienes cantan en cada momento. En la estrofa cantan las dos chicas y en el estribillo se suman los dos varones. ¿Quiere esto decir que la canción es polifónica? En absoluto. *Waterloo* será a lo sumo pegadiza, pero nunca polifónica porque sólo hay una melodía cada vez, la de la estrofa, que cantan al unísono las chicas, y la del estribillo, también entonada al unísono por los cuatro miembros del grupo. Como decíamos de pequeños, «joooo, así no valeee».

Cojamos otra canción de Abba, *Fernando*. ¿Hay ahí polifonía real? ¡Sí! Primero empieza cantar la morena en solitario, que es la que tiene la voz más grave de las dos, y luego se suma la rubia, cantando una melodía diferente por arriba.

Es la modalidad más básica de polifonía, a dos voces, y la damos como buena puesto que hasta compositores de la talla de Claudio Monteverdi tienen madrigales a dos voces.

—Me estoy acordando de un madrigal en concreto —dirá el chico—. ¿Quieres saber cuál?

—Sí, claro —responderá ella pensando que la respuesta no entraña peligro alguno.

—Quisiera besarte.

—¿Cómo?

—Así se llama, *Vorrei baciarti*.

Y ahí podremos ya intentar robar el primer beso, con la excusa de que es a la salud de Monteverdi.

Si bien es cierto que *Fernando* de Abba y *Vorrei baciarti* de Monteverdi comparten el rasgo de que ambas son polifónicas, hay una diferencia fundamental entre ambas. Las chicas de Abba van cantando, nota contra nota, a distancia de una tercera, el mismo dibujo melódico.

They were closer now Fernando (canta la morena).
THEY WERE CLOSER NOW FERNANDO (canta la rubia).

En el caso de Monteverdi, la polifonía es más compleja, razón por la cual solemos decir que la música clásica es más sofisticada. Los compositores se comen más el tarro para crear efectos sonoros más sutiles, delicados y/o sorprendentes.
La manera más común de hacer más interesante la polifonía, al menos durante el Renacimiento, era hacerla imitativa, dando la impresión al oyente de que las voces corren una tras otra, como en un juego de persecución erótica:

Vorrei baciarti,   vorrei   baciarti
VORREI   BACIARTI,   VORREI

En la polifonía imitativa del Renacimiento, la letra de cada cantante suele estar desfasada respecto a las demás, razón por la cual, aunque las voces armonizan entre sí, no se entiende nada lo que dicen. Esto, como veremos, sacaba literalmente de quicio a los miembros de la Camerata Fiorentina.
Pero hay más modos en los que un compositor de madrigales podía hilar fino con las voces. La polifonía del pop, como la de Abba en *Fernando*, además de ser muy básica, con sólo dos voces, suele ser una polifonía paralela. Las dos melodías se mueven en la misma dirección, sin que varíe la distancia de una respecto a la otra, como si fueran raíles en una vía de tren sonora. Cuando la morena sube, sube también la rubia y viceversa.
En la música sofisticada, estos contrapuntos (así se llaman en música porque a cada nota o punto en el pentagrama se opone otro, más grave o más agudo) pueden ser también de sentido contrario, o sea, se mueven a la vez pero una va hacia abajo y otra hacia arriba o viceversa, como si Abba cantara *Fernando* de esta manera:

They
   were
      closer
         now
            Fernandoooo
            FERNANDOO
         NOW
       CLOSER
    WERE
THEY

La ópera no nace porque es bonita, porque mola, como diríamos ahora, sino como ariete artístico para acabar con otra forma musical que había arrasado durante todo el siglo XVI: el madrigal.

Para vestir al nuevo santo había que desvestir a otro.

En 1591, a nueve años tan sólo del estreno oficial de la primera ópera, *Eurídice*, Galilei publicó un tratado titulado *Diálogo entre la música antigua y la moderna* que incluía una crítica del contrapunto (varias melodías sonando a la vez).

El músico opinaba que el madrigal no era más que un batiburrillo, similar al que se suele armar en las tertulias de televisión de hoy en día. Al cantar tanta gente al tiempo, el texto no se entendía, y además las armonías eran cambiantes, contradictorias y confusas.

De la misma manera que los actores de las tragedias griegas cantaban sus trimétricos yámbicos (versos con esta cadencia: pa-pam, pa-pam, pa-pam) con una sola melodía, Galilei decidió que los textos de los madrigales (poemas de versos endecasílabos y heptasílabos rimados en consonante) también habían de ser cantados por una sola voz, acompañada por instrumentos del modo más sencillo posible, de manera que:

1) El texto poético se entendiese a la perfección.
2) Las palabras se cantaran con una declamación lo más natural posible, como en el habla, evitando repeticiones y florituras innecesarias
3) La melodía no describiera los detalles gráficos del texto, sino que sirviera para intensificar y destacar el subtexto, es decir, la emoción subyacente en cada estrofa del poema.

Los compositores de madrigales estaban especializados en describir con sus melodías las acciones descritas en el texto.

Un buen madrigalista, por ejemplo, al encontrar un verso que hablase de los latidos del corazón, haría que la música, rítmicamente, imitara las pulsaciones de un enamorado. Podía conseguir, asimismo, que los instrumentos suspiraran acompañando al texto o desencadenar una tormenta sonora si en el verso se mencionaban rayos y centellas.

Es, *mutatis mutandis*, lo que haría Antonio Vivaldi casi un siglo y medio más tarde en sus conciertos para violín de *Las cuatro estaciones*, tal vez la obra de música más popular de todo el repertorio clásico. Vivaldi basó sus conciertos en cuatro sonetos, cada uno dedicado a la correspondiente estación. Es toda una experiencia escuchar, por ejemplo, *La primavera* con el soneto delante porque uno aprecia en lo que vale la habilidad del Prete Rosso para imitar todo tipo de sonidos de la naturaleza: desde pajaritos a ráfagas de viento pasando por riachuelos, perros o pastores echándose la siesta. *La primavera*, por ejemplo, empieza así:

> Llegó la primavera y, de contento,
> las aves se saludan con su canto
> y las fuentes, al son del suave viento,
> con dulce murmurar fluyen en tanto.

Galilei decretó que estas filigranas imitativas podían ser muy efectistas, pero se quedaban en la superficie del texto, en vez sumergirse en la emoción que alimentaba el verso.

Para demostrar que iba en serio y que no estaba dispuesto sólo a predicar, sino también a dar trigo, Galilei puso música a unos versos de la *Divina comedia* de Dante pertenecientes al *Infierno*: el lamento del conde Ugolino (que fue condenado a morir de hambre con sus hijos en la segunda torre más famosa de Pisa, la Torre dei Gualandi).

La composición de Galileo aún no era ópera, pero casi. Los versos de Dante no estaban «polifonizados», sino recitados/cantados con una melodía sencilla, tal como se creía que solían hacer habitualmente los griegos antiguos.

Tras veinte años acogiendo en su palacio las tertulias de la Camerata, el conde Bardi se cansó y pasó el testigo a otro ilustrado miembro de la nobleza florentina, Jacopo Corsi, que cedió su fastuosa mansión del Palazzo Tornabuoni para acoger a la nueva hornada de músicos y poetas que iba a suceder a la generación de Galilei. Entre éstos estaba Jacopo Peri, un cantante, organista y compositor de talento extraordinario que era nada más y nada menos que el director musical de los Medici. Fue Corsi, el nuevo anfitrión, asistido por el genio de Jacopo Peri, el creador de la primera ópera completa de la que tenemos noticia, aunque sólo hemos conservado el libreto y no la música. Esta primera ópera se llamó *Dafne* y, lejos de las fastuosas orquestaciones a las que nos acostumbró luego Monteverdi, establecía que para acompañar a los cantantes bastaba con un clave, un laúd, una viola, un archilaúd y tres flautas.

Dafne, que narraba la historia de amor entre el dios Apolo y la ninfa más esquiva de toda la mitología griega, fue un lujo que se dieron a sí mismos los amiguetes de Jacopo Corsi para recibir al carnaval de 1598. El experimento debió de ser todo un éxito porque los Medici, envidiosos del nuevo juguete musical, le encargaron a su maestro de capilla que les compusiera otra ópera para festejar los esponsales de María de Medici con Enrique IV, que se celebraron en Florencia en 1600. La nueva creación se llamó *Eurídice* y ésta sí se ha conservado en su integridad. Jacopo Peri tiene, pues, el honor de ser el autor de la ópera más antigua hoy representable y la desgracia de que *Eurídice* no se representa nunca. Ese privilegio es para *Orfeo* de Claudio Monteverdi, una antigualla de 1607 de tal calidad musical que incluso en el siglo XXI sigue formando parte de nuestro repertorio operístico habitual.

¿Qué tal hacerle a la chica de nuestros sueños un *pretty woman* de postureo con esta joyita?: «Tengo dos entradas para el *Orfeo* de Monteverdi en el Roundhouse de Londres, una ópera con la que me identifico a tope. Él la amaba tanto que bajó a los mismísimos infiernos para resucitarla tras su muerte.

14.

AGUAS MAYORES

Aunque no es muy frecuente, a veces, en la primera cita, nos encontramos con que uno, o incluso los dos cortejantes, están cómodos con el humor grueso, pero no descubro ningún secreto si digo que es más probable ver la dimisión de un político corrupto que hallar a una la chica proclive a la risa escatológica. Por alguna extraña razón, a las mujeres no les suelen hacer gracia este tipo de chistes. Y eso que tienen las mismas necesidades fisiológicas que los varones y expelen tantas ventosidades como ellos.

Al grano: imaginemos que él se ha pasado de vueltas y ha hecho durante la cena un comentario jocoso, pero cochino.

Si ve que la chica no se ríe, debe abandonar en el acto el humor de caca, culo, pedo y pis. No hay mejor antídoto contra la lujuria que un hombre gastando chistes soeces con una mujer que no desea oírlos. Pero si ella se ríe a la primera cochinada, él puede intentar rizar el rizo y abordar desde el postureo musical el maloliente terreno de las boñigas y las flatulencias.

Una conversación que relacionara la música con lo sucio en el sentido más procaz del término, podría empezar, por ejemplo, así: «¿Sabes? Han descubierto que lo de la nota marrón era un cuento chino. ¡Sencillamente no existe!».

«¿Cómo?», preguntará ella completamente ajena al hecho de que, desde hace años, algunos divulgadores seudocientíficos vienen afirmando que hay una frecuencia infrasónica que, escuchada a suficiente volumen, puede hacer que una persona pierda el control de sus esfínteres y, literalmente, se cague encima.

Antes de seguir adelante con esta marranada es necesario aportar algunos datos sobre las limitaciones del oído humano que tal vez no sean del dominio público. Dios Nuestro Señor nos hizo capaces de captar sonidos situados en un abanico de vibraciones que oscila entre los 20 hercios (20 vibraciones por segundo) y los 20 000 hercios. Eso son unas 10 octavas, bastante más de lo que tiene un piano (7 octavas más una tercera menor). Los perros tienen mejor oído por arriba (son capaces de oír hasta 60 000 vibraciones por segundo), pero nosotros somos los reyes de las frecuencias bajas.

Eso nos permite ahuyentar a perros y mosquitos (que perciben hasta 100 000 ciclos por segundo) mediante el correspondiente silbato, que a ellos los aturde y a nosotros nos deja indiferentes por la sencilla razón de que no los oímos.

Pero volvamos a la nota marrón. La leyenda urbana de que existe un sonido capaz de forzarnos a hacer caca se originó, probablemente, en la NASA. Los técnicos de la agencia espacial estadounidense estaban muy preocupados por el hecho de que vibraciones de baja frecuencia pudieran afectar a los astronautas en las fases más críticas de cualquier viaje aéreo: el despegue y el aterrizaje.

Es un hecho contrastado, aunque poco conocido, que las vibraciones de baja frecuencia se transmiten con dificultad a través del aire y son mejor percibidas a través del tacto. La manera más eficaz de sentir (ya que no se pueden escuchar porque nuestro tímpano no da para más) un infrasonido es entrar en contacto físico con la superficie que vibra.

Los lectores que tengan guitarra en casa pueden hacer la prueba de morder el clavijero del instrumento (como hacía Rafa Nadal con la copa de Roland Garros) y pedirle al amigo o familiar de turno que toque algunos acordes. El sonido llegará con mucha más intensidad hasta nuestro oído porque además de las frecuencias audibles se estarán transmitiendo al cuerpo del que escucha también las inaudibles.

Para estudiar en tierra de qué forma podían afectar las vibraciones de los cohetes espaciales al comportamiento en vuelo de los astronautas, los expertos de la NASA conectaron los asientos de cabina a plataformas vibratorias capaces de transmitir directamente la nota marrón y otras frecuencias a los tripulantes de la nave. Se subió la música hasta los 160 decibelios y se sometió a las cobayas humanas a frecuencias que oscilaron entre los 0,5 y los 40 hercios. Los pobres astronautas experimentaron todo tipo de trastornos físicos, desde ataxia (pérdida de control sobre los propios movimientos) a náusea, visión borrosa y dificultades de comunicación, pero ninguno de ellos se lo hizo encima.

Sin embargo, estas respuestas físicas, que sí fueron reales, pudieron dar origen a un relato cómicamente distorsionado por los ingenieros del Johnson Space Center de Houston, Texas. Ya se sabe que a los seres humanos nos gusta aportar detalles de cosecha propia cuando nos cuentan una anécdota.

Años más tarde, en el programa de televisión americano *MythBusters* [destructores de mitos] sometieron a varios individuos a una prueba similar a la de los astronautas de Houston haciéndoles escuchar, mediante gigantescos altavoces de graves (*subwoofers*), frecuencias de entre 5 y 150 hercios a un volumen de unos 150 decibelios.

Los testimonios pueden verse en YouTube:

—Era como si estuvieran golpeando mi pecho como un tambor.

—El aire parecía entrecortarse al entrar y salir de mis pulmones.

Y otras frases por el estilo. Pero ninguno llegó a perder el control de sus esfínteres. En resumen: mucha música es una mierda, pero ninguna mierda sale de la música.

15.

CACA, CULO, PEDO Y PIS

La conversación sobre las cacas, los culos, los pedos y los pises tiene aún más visos de prosperar si el pretexto para hacer un par de comentarios soeces es la música de Wolfgang Amadeus Mozart, Amadeus a secas por los amantes de la película de Milos Forman.

Cuando salió de ver la obra de teatro en Londres, Margaret Thatcher se mostró indignada por el hecho de que el dramaturgo, Peter Schaffer, se hubiera atrevido a retratar al niño prodigio de Salzburgo como un macaco malhablado y cochino.

—¡Es imposible que Mozart fuera así! —se quejó la primera dama al director del montaje, Peter Hall.

Cuando éste juró y perjuró que las cartas de Mozart demostraban que éste tenía una irreprimible vena escatológica, la Dama de Hierro sustituyó su comentario por una orden subrepticia.

—No me has entendido, Peter. Él no podía ser así.

Si una primera ministra tan desapacible te espeta algo semejante y en esos términos, el subtexto no puede ser otro que «cámbialo o atente a las consecuencias».

El director envió entonces a Downing Street copias de las cartas cochinas de Mozart, pero no logró convencer a doña Margaret, que siguió emperrada en que el personaje había sido torticeramente retratado. Lo que la Dama de Hierro no sabía es que Mozart no sólo envió decenas de cartas (a novias, amigos y familiares) con comentarios soeces, sino que también es autor de varias CPCs (Composiciones Polifónicas Cochinas)

Tras su fallecimiento, la viuda de Amadeus se puso en contacto con un editor musical para publicar varios cánones con letras escatológicas. Al editor le interesaron las obras, pero puso como condición que los versos más indecentes fueran sustituidos por otros menos escandalosos. Constanze Mozart aceptó la censura y, durante muchos años, el público ignoró que esos cánones (compuestos para divertir a los amigos) estaban inspirados en humor cacaculopedopisero.

Citaré sólo dos de ellos para no convertir este opúsculo en una antología de la música marrón mozartiana. El canon *Leck mich im Arsch K. 231* para 6 voces lleva ya en el título la primera bofetada verbal para el burgués melindroso: «lámeme el culo» podría ser una buena equivalencia en castellano. Pero un *lámeme el culo* no tan brutal o despectivo como nuestro desagradable *cómeme la polla* (que se usa habitualmente para mandar a alguien a paseo), sino invitador y erotizante.

Lo que para una cabeza biempensante debe de ser algo todavía más repulsivo que un exabrupto: «¿Cómo te puede excitar algo así?». Pero ya lo dijo Woody Allen cuando le preguntaron si consideraba sucio el acto sexual: «Si se hace bien, desde luego que sí».

Por si no hubiera quedado suficientemente claro en el primero, Mozart compone un segundo canon de título aún más explícito, *Lámeme el culo hasta dejarlo bien limpio*, en si bemol mayor, con una letra que habría resultado fuerte incluso en la época de la Movida Madrileña.

> Lámeme el culo bien,
> lámelo bien hasta que quede limpio,
> bien limpio, lámeme el culo.
> Es un grasiento deseo,
> bien embadurnado de mantequilla...

El hecho de que estas letras escatológicas vengan envueltas en la siempre sublime música de Mozart les quita algo de su carga fecal. Simplemente repulsivas (para una mentalidad puritana o mojigata) pueden resultar, en cambio, las cartas escatológicas, de las que se conservan unas cuarenta.

Mozart tuvo un idilio con una prima hermana llamada Maria Anna Thekla, hija de un hermano pequeño de Leopoldo, el padre y explotador musical de Amadeus. La complicidad con la *bäsle* (primita) pasaba también por el lenguaje, lleno de referencias marrones, sobre todo por parte de Mozart. Cuando Aloysia Weber (hermana mayor de la que luego sería su mujer) rechazó al genio, éste se curó la herida narcisista refugiándose en su prima, a quien enviaba cartas de este tenor:

Tengo muchas cosas que decirte. No puedo creerlo, pero mañana lo oirás. Mientras tanto, ¡pórtate bien! ¡Ah, mi culo quema como el fuego! ¿Qué querrá decir esto? ¿Tal vez una caca quiere salir? Sí, sí, caca, te reconozco, te veo y te huelo. ¿Qué es esto? ¿Será posible? Oreja, ¿no me engañas? No, esto es verdad. ¡Qué largo y triste sonido!

En la película *Amadeus*, aparece perfectamente reflejado el rechazo que en espíritus refinados como el de Antonio Salieri (un músico bastante menos mediocre de lo que se piensa) causaba el «lenguaje marrón» del genio salzburgués, rechazo que no era tanto al lenguaje soez en sí como a la mezcla de música sublime y coprofilia. «No pongas tus sucias manos sobre Mozart», escribió en su día Manuel Vicent. Lo que indigna a muchos (lo que acaba enfrentando a Salieri con Dios en el drama de Schaffer) es el hecho de que el Ser Supremo haya dotado de un talento tan portentoso a una criatura tan nauseabunda. ¿Por qué, Señor, has contaminado con caca, culo, pedo y pis la música más sublime que oídos humanos hayan escuchado jamás?

La respuesta no está, como es de suponer, en un Dios torturador y malévolo que se complace en mezclar lo soez con lo celestial para mortificar a sus criaturas, sino en un trastorno neurológico de origen genético llamado síndrome de Tourette.

Durante muchos años, la escatología de Mozart se ha querido atribuir a las costumbres centroeuropeas de la época: «Mucha gente se solazaba con ese tipo de bromas en el siglo XVIII —vienen a decir algunos historiadores y estudiosos— y la familia de Mozart no hacía más que reproducir los hábitos de aquella sociedad». «¡Es muy aventurado —sostienen los expertos— afirmar que Mozart tenía tourette!»

Sin embargo, un músico británico llamado James McConnel que padece el síndrome ha reconocido en Mozart, más allá de toda duda razonable, los síntomas que él mismo padece. McConnel va incluso más allá y afirma que Amadeus escribía música para mitigar los síntomas de su propia enfermedad: «Lo sé —asegura el inglés— porque cuando escucho a compositores como Beethoven, Brahms o Stravinski mis síntomas tourettianos (movimientos bruscos de los brazos, golpes de la cabeza contra una superficie) no desaparecen. En cambio, al oír a Mozart se esfuman como por arte de magia». McConnel viene a decir que Mozart conjura sus demonios por el procedimiento de exportarlos a la partitura. De la misma manera que hay gente capaz de librarse (por ejemplo) de su sentimiento de culpa compartiéndolo por escrito con sus lectores, Mozart incorporaba a sus pentagramas pasajes llenos de tics musicales y de ideas fijas que le servían para aliviar sus síntomas.

Cualquiera que haya escrito un diario en la adolescencia conoce el poder catártico del negro sobre blanco para aliviar presión en la caldera de las obsesiones o comeduras de tarro, como las conocemos en lenguaje coloquial. «Si está en la página, ya no está en mi cabeza» es un axioma muy aceptado que sólo se invierte en el caso de los columnistas más fanáticos de la derecha española.

Mozart no era un tourettiano grave. No escupía a la cara de la gente ni decía tacos en público como le ocurre al 20 % de los pacientes. Pero igual que hay constancia en cartas y escritos de la época de que su risa (magistralmente recreada por Tom Hulce en *Amadeus*) era casi tan irritante como la de cierto expresidente del gobierno español, también sabemos que sentado al piano hacía muecas y tamborileaba con el pie en el suelo. Tenía también cierto grado de TOC (trastorno obsesivo compulsivo), ya que antes de meterse en la cama se sentía incómodo si no completaba ciertos rituales y, por lo menos hasta los nueve años, padeció un pánico tan cerval a las trompetas que se tiraba al suelo y empezaba a gritar con sólo oír una.

Mozart, por tanto, puede ser un buen pretexto (y muy cultureta, por cierto) para averiguar qué clase de sentido del humor tiene la víctima de nuestros desvelos. Y si tuviéramos la desgracia de soltar una ventosidad dentro del coche (o, más tarde, en la escena del sofá), en vez de recurrir al prosaico e inverosímil «no te preocupes, los míos no huelen», siempre podremos argumentar que en realidad no hemos sido nosotros. ¡Échale la culpa al señor Tourette!

16.

ESTO ES UNA MIERDA

Un famoso crítico de arte español solía bromear con los amigos diciendo que él era capaz de reducir cualquier obra pictórica a tan sólo dos categorías: 1) el cuadro es interesante; 2) el cuadro es una mierda.

Si en el capítulo anterior hemos abordado lo excrementicio en el sentido más literal del término, en éste me propongo hacerlo en su sentido metafórico.

El diccionario de la RAE nos explica que *mierda*, en su cuarta acepción, se emplea coloquialmente para designar una cosa sin valor o mal hecha. En su quinta acepción se puede referir incluso a una persona sin cualidades ni méritos: «Ese tío es un mierda».

¿Hay músicas de mierda? ¿Hay un listado de las diez peores deposiciones musicales de todos los tiempos?

Responder a tan delicada pregunta no resulta fácil. ¿Qué entendemos por una mierda de composición? ¿Una que resulta cursi? ¿Que es repetitiva? ¿Que está plagada de lugares comunes?

En *Amadeus*, el propio Mozart parece querer explicarnos lo que él entiende por una boñiga sonora. Durante la escena en que el emperador le presenta a Salieri, el italiano compone una pequeña marcha de bienvenida al genio, marcha que el propio soberano se encarga de interpretar al clave. Cuando Mozart se despide, el emperador intenta que se lleve la partitura de regalo, pero Amadeus le anuncia que puede quedársela como recuerdo porque, tras una sola audición, ya la tiene en la cabeza. «¡Demostradlo!», exclama José II. El joven prodigio se sienta al teclado y comienza a tocar la bagatela compuesta por Salieri como si llevara interpretándola toda la vida.

Sabemos, por una escena anterior, que el italiano encuentra su propia pieza inspiradísima, ya que, cuando halla por fin el tema, le muestra su gratitud al crucifijo que tiene delante con un «grazie, Signore». Mozart, sin embargo, despacha al minuto la pieza diciendo primero que era repetitiva y luego que no explotaba bien el potencial que encerraba la idea de partida. Las dos críticas del genio tienen que ver con dos de los pilares compositivos del clasicismo: el principio del contraste y la técnica del desarrollo.

Lo repetitivo como sinónimo de *mierdoso* no está sólo en la estética de Mozart, por supuesto. Stravinski, por ejemplo, para afirmar que Vivaldi (venerado por Bach) era un compositor de segunda fila solía decir que había compuesto 500 veces el mismo concierto. Pero en Mozart, el reproche a la repetición tiene que ver con la técnica compositiva más popular del XVIII y XIX, que es la «forma sonata». Mientras Bach y el resto de los compositores barrocos tienden a explotar las posibilidades de una sola idea o motivo musical, Mozart y Haydn practican una escritura dramática donde un primer tema vigoroso y rítmico (masculino) se opone a otro más delicado y melódico (femenino).

El tema de la tónica (así llamado porque suena en la tonalidad de partida) no sólo es distinto al que viene a continuación por su configuración melódica y rítmica, sino también porque está en una tonalidad diferente. La peculiaridad de Romeo no reside sólo en que es impulsivo y enérgico, sino también en que pertenece a una familia distinta a la de Julieta: es Montesco y, como tal, está enfrentado a muerte a los Capuleto.

De la misma manera que Romeo no puede ir a casa de Julieta (en el drama de Shakespeare lo tiene que hacer disfrazado), el tema de la tónica no puede sonar en el pasaje de la dominante porque provocaría un conflicto de disonancias.

Cuando Mozart se mofa de Salieri afirmando con desdén que el resto no es más que una repetición, lo que le está reprochando es que en ese punto concreto tendría que haber hecho ya su aparición la melodía contrastante o femenina. En cambio, Salieri sigue dando la turra con el primer tema. Una pieza del XVIII no es muy diferente de un drama teatral. ¡Tienen que ocurrir cosas continuamente!

La irritación (y la frustración) que produce el tema repetido cuando ya está fijado en la memoria del oyente y no es necesario volver a escucharlo es comparable a una fiesta en casa de los Capuleto donde volviéramos a ver sólo a Romeo. «¿Otra vez Romeo? —aullaría el público—. ¿Y Julieta? ¡Ahora ya toca que salga Julieta! ¡Necesitamos que salte la chispa entre ambos!»

El otro reproche estético de Mozart a Salieri en *Amadeus* es que un determinado pasaje no funciona. La frase textual inglesa es «it doesn't really work, does it?».

Un compositor con tanto oficio como Salieri no podría haber cometido burdos errores de gramática o sintaxis musical (más sobre esto después); por lo tanto, a lo único que se puede estar refiriendo el de Salzburgo es a que el pasaje no funciona porque no es musical, porque resulta forzado. Y, como veremos de inmediato, resulta forzado porque cierra la oración musical de forma precipitada.

Charles Dickens comienza así su novela *Historia de dos ciudades:* «It was the best of times, it was the worst of times». La frase funciona no sólo sintácticamente, sino también a nivel literario, en el plano poético, porque la repetición anafórica es una hermosura.

Dickens bien podría haberse conformado con «it was the best and the worst of times» (peor) o «it was the best of times and also the worst» (pésimo). Mozart le habría dicho también que eso no funciona.

Las ideas iniciales (el material de partida) son seleccionadas por el compositor cuando éste detecta en ellas un determinado potencial.

Recurro de nuevo a un ejemplo literario porque las palabras resultan más familiares para el lector que los pentagramas. Graham Greene ha relatado muchas veces que tenía la primera frase de *El tercer hombre* metida en la cabeza desde hacía mucho tiempo. Esa primera frase decía: «I saw a man walking down the Strand, whose funeral I had only recently attended» [por el Strand vi caminando a un hombre a cuyo funeral acababa de asistir].

Hemos oído decir a Manuel Vicent que una novela consiste en una primera frase deslumbrante seguida de cien mil palabras. Pues bien, Graham Greene disponía del arranque porque su intuición de escritor le decía que en esa primera frase estaba virtualmente encerrado todo el drama posterior. Ese comienzo, lleno de misterio, disparaba en su imaginación infinidad de preguntas a las que, sin embargo, no era capaz de responder.

¿Quién era ese hombre? ¿Por qué lo habían enterrado si no estaba muerto? ¿Adónde se dirigía ahora? ¿Quién ocupaba entonces el ataúd que él había visto sepultar?

Sólo años más tarde, cuando el director Carol Reed le propuso escribir un guion ambientado en la Viena de posguerra y Greene fue informado de que las calles de la ciudad descansaban sobre un gigantesco laberinto de alcantarillas a través de las que un hombre podía pasar de la parte soviética a la británica sin ser detectado por la policía militar, supo por fin cómo desarrollar su idea inicial.

Una melodía hermosa o un motivo pegadizo son el equivalente de esa primera frase deslumbrante de *El tercer hombre*.

El comienzo puede ser mágico y estar lleno de misterio, pero si el narrador no sabe cómo explotarlo, no podrá hacer justicia a la idea germinal: habrá tirado una joya al barro.

En ocasiones, una idea de mierda (es decir, una idea que en principio no tiene nada especial) puede llegar a engendrar una auténtica obra maestra. Tal es el caso del motivo de cuatro notas de la *Quinta sinfonía* de Beethoven. Si alguien nos hubiera dicho que el famoso PA-PA-PA-PAAAAAM daba de sí lo suficiente para componer la sinfonía más famosa de la historia, habríamos respondido que ese alguien había tomado alucinógenos.

Aunque Mozart, a diferencia de Beethoven, era un gran creador de melodías (en el sentido de «pasajes tarareables y memorables»), a veces también era capaz de partir de una idea muy simple y embrionaria para ir construyendo una auténtica catedral sonora. Ese raro talento es lo que asombra a Salieri cuando describe la música de su rival en *Amadeus*. Mientras suena el adagio de la *Sinfonía para vientos en si bemol mayor*, el italiano va describiendo con palabras cómo Mozart desarrolla, con una mezcla prodigiosa de inspiración y oficio, un arranque aparentemente banal.

Sobre el papel no parecía nada, un comienzo simple, casi cómico. Una cadencia, fagots, clarinetes; igual que una caja de ruidos.

Luego, de repente, imponiéndose, un oboe; una sola nota mantenida en el aire hasta que el clarinete toma el relevo, la dulcifica y la convierte en una frase deliciosa.

A Mozart, la marcha que ha pergeñado Salieri en su honor parece hacerle gracia, pero encuentra que el italiano no ha sabido aprovecharla. Es la misma crítica que aflora cuando le comenta que ha compuesto unas variaciones sobre *Mio caro Adone*: «Un airecillo curioso —dice con ingenua suficiencia—, pero he sabido aprovecharlo». El talento del compositor se demuestra de verdad a la hora de desarrollar el potencial que encierran los temas: «Yo soy un desarrollador —parece decirle Amadeus— y puedo hacer arte incluso con melodías triviales como la vuestra».

Si en el drama teatral *desarrollar* significa «inventar cosas que les pasan a los personajes» (a Julieta la prometen con Paris, a Romeo *le matan* a Mercutio), en música quiere decir «inventar cosas que les pasan a los temas».

Aunque la música es un lenguaje abstracto, lo que les pasa a los motivos es algo muy concreto, en el sentido de que tanto en la partitura como en la audición, éstos sufren una transformación evidente y perceptible por los sentidos.

Imaginemos por un momento que el nombre Papageno (el inolvidable cazador de pájaros de *La flauta mágica*) es un motivo musical. Mozart puede (es la transformación más elemental) repetirlo:

Papageno, Papageno, Papageno...

Pero también puede secuenciarlo (lograr que cada vez suene en intervalos más altos o más bajos):

Papageno
Papageno
Papageno

Puede extenderlo o expandirlo (dos técnicas similares, que buscan alargar el motivo, diferenciadas por un pequeño matiz).

Si el material que alarga el motivo empieza antes de la nota final (sílaba en nuestro caso), se habla de expansión:

Papagegege, papageno...

Si lo hace después, los compositores hablan de extensión:

Papageno, genogeno, papageno...

¿Que el Romeo de Shakespeare se disfraza? Un motivo de Mozart puede hacerlo también apareciendo, por ejemplo, invertido: *Onegapap* no es más que *Papageno* al revés, pero ¿a que resulta irreconocible?

La lista de técnicas con las que cuenta el compositor para que sus personajes sufran transformaciones es muy extensa y no es cuestión de abordarlas en detalle en un libro sobre postureo musical, pero incluye, además de las ya citadas, la inversión, el cambio rítmico, la fragmentación, la compresión, la aumentación, la disminución y la ornamentación.

Cuando Mozart le reprocha a Salieri que la pieza no funciona, lo que le está diciendo en realidad es que está resolviendo la frase cadenciosa (la que cierra la oración musical) demasiado atolondradamente: «¡Tenías aquí petróleo musical y no has sabido extraerlo, mentecato!».

Invito al lector a repasar la escena en la que Amadeus conoce a Salieri y a observar cómo, cuando Mozart empieza a improvisar sobre la marcha del italiano, lo que está haciendo en realidad es expandirla, para mediante las técnicas mencionadas, exprimir todo el zumo que lleva dentro.

Exactamente como hacen los buenos humoristas con los chistes. ¿Cuántas transformaciones sufre la empanadilla de la señora de Móstoles en las sabias manos de Martes y 13?

Un humorista mediocre se habría conformado con hacer el primer chiste: «Tengo dos empanadillas haciendo la mili en Móstoles».

Pero Josema y Millán, dos humoristas geniales, consiguen ordeñar la vaca hasta dejarla seca:

Voy a freír a los chicos. (Carcajada.)
Tengo dos encannas haciendo la mili. (Carcajada.)
No sea que me se queme Móstoles. (Carcajada.)

Voy a llamar a Empanadilla. (Carcajada.)
Tengo dos milis haciendo la empanadilla.
Etcétera.

En esto consiste exactamente la humillación a Salieri: en demostrarle que tenía ante él un sinfín de posibilidades para convertir la pieza en inolvidable (como el *sketch* de Martes y 13) y no ha sido capaz de aprovecharlas.

Si el crítico de arte al que aludía al principio enjuiciara, en vez de una obra pictórica, una composición musical, diría por tanto que una sinfonía es interesante cuando es variada y desarrolla el potencial que lleva dentro y que es una mierda cuando es repetitiva y el compositor parece no haberse dado cuenta de la joya inicial que tenía entre manos.

Estas consideraciones se pueden aplicar a todo tipo de música, no sólo a la clásica. En los años 70, por ejemplo, el grupo de rock progresivo Jethro Tull se atrevió a grabar un disco llamado *Thick as a Brick* (hoy convertido en clásico) que consistía en un largo poema musical que ocupaba las dos caras del elepé. Ian Anderson y el resto de su talentosa banda consiguieron hacer el poema interesante aplicando criterios similares a los de los músicos supuestamente más sofisticados del clasicismo. En *Thick as a Brick* el germen es un motivo aparentemente simple, expuesto en tresillos al comienzo por la guitarra acústica, que va alternándose con otros pasajes contrastantes de piano, órgano, flauta etcétera, y que reaparece como un Guadiana musical, más o menos transformado, cada cierto tiempo. Al final de la cara B volvemos a escuchar el pasaje en tresillos, tal como lo oímos al comienzo, y se confirma la placentera sensación de que ha existido todo el tiempo una idea cohesionadora del largo relato musical.

Para un auténtico melómano (esta observación es muy de posturista cultural), la pregunta que nos cruzamos a veces en una primera cita de «¿a ti qué música te gusta más, el pop o la clásica?» resulta inadmisible porque un degustador de buena música no está pendiente de si la melodía fue creada en el siglo XVIII para ser tocada con una viola da gamba o pertenece al siglo XX y suena en un órgano Hammond. Lo único que escucha un buen aficionado es si la música está bien compuesta.

Y lo está si no es repetitiva y nos damos cuenta de que el compositor se ha devanado los sesos para extraerle al material inicial todo el petróleo que tenía dentro.

Lo otro, ya saben: ¡una mierda!

17.
¿POR QUÉ EMOCIONAN LAS CANCIONES?

Uno de los gags más divertidos sobre primeras citas que conozco es, cómo no, de Woody Allen. En *Annie Hall*, él y Diane Keaton van caminando por la calle rumbo al restaurante donde van a disfrutar de su primera cena romántica y Woody, para aplacar las crecientes inseguridades que tiene ella como cantante (nadie le ha hecho ni puñetero caso durante su primera actuación en un *night-club*), va diciéndole lo mucho que le gusta su voz. Cuando ya ha fortalecido lo suficiente su ego, Allen la detiene y le propone que se den el primer beso, antes siquiera de haber cenado o tomado la copita de rigor.

—¿De verdad? —pregunta una atolondrada Keaton ante lo intempestivo de la propuesta.

—¡Claro! —responde él—. El beso tendrá que producirse tarde o temprano, ¿no? Pero cuando lleguemos a casa yo estaré nervioso y no sabré hacerlo. Vamos a quitarnos esa tensión de encima besándonos ahora. Así podremos cenar tranquilos.

Ni qué decir tiene que ella accede y ambos siguen hablando luego por la calle como si tal cosa.

Si se quiere que la primera cita sea exitosa, él o ella debe sacar a colación el tema del primer beso mucho antes de que llegue el momento correspondiente. Por supuesto, cualquiera de los dos puede proponer la técnica Woody Allen, pero, si además posturea relacionando la tensión sexual del primer beso con la tensión musical, su pareja quedará totalmente deslumbrada y es probable que haya algo más que un morreo ya esa primera noche. De nuevo los conocimientos musicales empleados como si fueran la cola de un pavo real.

La analogía entre la tensión sexual no resuelta y la musical podría empezar del siguiente modo:

—¿Has visto la película *Hitch*? —puede preguntar él. Si ella la ha visto, miel sobre hojuelas. Si no, él puede resumir la trama en una sola frase.

—Es la historia de un asesor sentimental que ayuda a los hombres a no meter la pata en sus primeras citas.

A partir de aquí podemos contar que nuestra escena favorita es cuando Hitch le explica al gordito Albert cómo comportarse al final de su primera cita con Allegra.

—Si ves que ella retrasa el momento de entrar en casa haciendo tintinear las llaves, es que quiere beso. Pero no debes dárselo tú. Tienes que acercar tu boca lo suficiente para que sea ella la que recorra los últimos milímetros —viene a decir Hitch.

Pues bien (y aquí da inicio el exhibicionismo musical), la tensión sexual que se crea cuando el amante se queda a dos milímetros escasos de tu boca se puede generar también en música con un recurso o técnica llamada *appoggiatura*; en castellano, apoyatura.

La apoyatura es un recurso muy empleado por los músicos, incluso de forma inconsciente, y podríamos definir el efecto que produce como «un retraso en la llegada del placer». En el sexo, el placer es el contacto físico con el objeto deseado y en música es la resolución de la disonancia.

Si un amante que se detiene a las puertas de la boca besable está exacerbando su concupiscencia para hacer el beso más gratificante, el músico que introduce una apoyatura en una melodía está creando una «ansiedad sonora placentera» en el oyente, ansiedad que, una vez resuelta, convertirá la llegada del acorde consonante en un auténtico acontecimiento.

Leonard Bernstein lo definió en su día como *melting away with the pleasure of fulfilment*, «un derretirse con el placer del deseo satisfecho».

Continuamente están saliendo estudios sobre por qué emocionan las canciones. El más famoso entre los recientes se publicó nada menos que en el *Wall Street Journal* (2012) y se titulaba *Anatomy of a Tear Jerker* (literalmente, «anatomía de un arrancalágrimas»). (Los anglosajones utilizan constantemente este tipo de expresiones. Un libro que no se puede soltar es un *page turner*, algo así como un «pasapáginas». Una canción que te tiene todo el rato con el nudo en la garganta es un *tear jerker*.)

El estudio del *Wall Street Journal* era un compendio de inexactitudes y reduccionismos que trataré de resumir en pocas líneas, ya que puede valer también como postureo cultural en la primera cita.

El artículo trataba de explicar la capacidad para emocionar de las canciones a partir de una balada especialmente emotiva, *Someone Like You*, de Adele, y analizando sólo una de las técnicas empleadas en la canción, el uso de la apoyatura.

—He leído ese artículo —diremos con aire de disimulada superioridad— y te aseguro que aunque pretende haber descubierto la fórmula de la Coca-Coca musical, no dice más que majaderías.

En música hay técnicas, pero no propiamente fórmulas para despertar la emoción. Cada canción memorable lo es porque contiene varios rasgos peculiares que no vienen en ningún recetario de composición. Ian Anderson, líder de Jethtro Tull (quien, según le confesó a Rick Wakeman en *Face to Face*, no sabe solfeo ni teoría musical), se estuvo preguntando durante años qué tenía de especial su canción *Living in the Past* para que se convirtiera en éxito. La canción se grabó en principio para ser incluida en el álbum *Stand Up*, el segundo del grupo, aparecido en 1969.

No debieron de verle al principio demasiado atractivo, ya que no llegó a ser incluida en el elepé y se lanzó después, como *single* en solitario para ver qué pasaba. Fue un éxito inmediato.

—Tardé en darme cuenta —explica Anderson— de que el gancho de esa canción fue que estaba en compás de 5/4, cuando la inmensa mayoría de los temas de esa época estaban en 4/4 o en 3/4.

Por supuesto, la gente que la escuchaba no decía: «¡Ajá! ¡Por fin un tema con un compás raro! ¡Llevo años esperándolo!». La peculiaridad de esa canción (su compás inusual) atrapaba al público de manera inconsciente.

Tampoco Ian Anderson adoptó el compás como fórmula o truquito para llegar a las listas de éxitos ya que el impacto que tendrá una determinada técnica en el público sólo es posible analizarlo a posteriori. Quiero decir que los británicos de finales de los 60 bien podrían haber reaccionado a la contra y haber dicho: «¡Pues vaya desastre de ritmo tiene el tema este! ¡Ni siquiera se puede bailar!». Y la canción habría fracasado.

El grupo The Police, por ejemplo, empezó a hacer canciones con letras complejas (escritas por Sting), *riffs* de guitarra pegadizos (compuestos por Andy Summers) y ritmos sincopados (ideados por Stewart Copeland) en plena eclosión del punk londinense y fracasó estrepitosamente. Intentaron ser distintos y no les fue bien.

Sólo lograron ser aceptados en el Reino Unido después de viajar a Estados Unidos y de que allí (gracias a una gira esforzadísima por la Costa Este en la que lucharon garito a garito para imponer su singular estilo) empezaran a llamar la atención del público. Entonces despertaron lo que Javier Pradera llamaba «la mirada del adúltero». Los británicos comenzaron a desear al grupo al que no habían hecho ni puñetero caso durante meses sólo cuando Estados Unidos empezó a interesarse por él.

No hay recetas para el éxito. Ser original sólo tiene su recompensa si uno tiene talento y es extraordinariamente persistente en la defensa de su estilo.

Los verdaderos artistas toman decisiones en cuanto a melodía, ritmo y armonía basadas no en recetas ni formularios, sino en su gusto o intuición personal. Unas veces aciertan y otras se equivocan ya que el éxito de un tema no depende sólo de factores intrínsecamente musicales: también intervienen hechos sociológicos o, como se dice ahora en las redes sociales, trendintópicos.

George Martin, productor de los Beatles desde su primer tema hasta la disolución, ha contado en *The Beatles Anthology* por qué se hizo cargo del cuarteto después de que el resto de las casas de discos lo hubiera rechazado: «Tenían humor y además había dos cantantes, dos voces principales, en una época en que eso era raro ya que, por influencia de Elvis, los grupos solían tener un único e indiscutible solista.»

Es decir: lo que llamó la atención de Martin no fue la calidad de las canciones ni lo bien que afinaban los cantantes, sino el hecho de que fueran distintos. Distintos en cuanto a moda, diferentes respecto a lo que había en Londres a comienzos de los años 60.

Uno de los músicos más brillantes del siglo XX, Paul Simon, fracasó hasta tal punto con su primera intuición (grabar *The Sounds of Silence* como una balada acústica) que la canción (una de las más hermosas y poéticas de la historia del pop) no sólo no se comió un rosco en las listas de éxitos, sino que provocó la disolución del dúo que formaba con Art Garfunkel. Meses después, cuando Paul Simon se había unido a otro cantante en el

Reino Unido, se enteró de que el productor de la casa de discos había remezclado el tema original añadiéndole una guitarra eléctrica, un bajo y una batería. La canción llegó al número uno de las listas americanas y consagró para siempre al dúo musical más famoso de la historia.

No hay recetas para emocionar: los ingredientes musicales que convirtieron The Sounds of Silence en un megaéxito fueron escogidos por el productor Tom Wilson, de Columbia Records, sin consultar siquiera al autor de la canción.

El artículo del Wall Street Journal se enmarca, pues, dentro de esa categoría mediática que he bautizado como «periodismo de deseos». No se cuenta lo que pasa o lo que es, sino lo que a uno le gustaría que fuera o que pasara.

A todos nos gustaría que la vida fuera simple. Que existiera la pomada contra el cáncer. Que todo se arreglase a base de recetas. No me parece que esté de más recordar que Michaeleen Doucleff, la periodista que firma el artículo, es una especialista en temas culinarios. En las cocinas mandan las recetas y su análisis de Someone Like You de Adele es un intento frustrado de trasladar al taller del compositor lo que tal vez pueda ser válido en el fogón de un cocinero. «¿Por qué esta canción hace llorar a todo el mundo?», se pregunta la redactora en el titular. Y luego anuncia a bombo y platillo: «¡La ciencia ha encontrado la respuesta!».

El artículo saca a la palestra un estudio seudocientífico de hace 20 años según el cual un grupo de melómanos escuchó, bajo la atenta supervisión de un psicólogo británico, una serie de canciones emocionantes. La mayoría de las que ponían el vello de punta (18 de 20) empleaban en los pasajes más conmovedores el recurso de la apoyatura.

Lo más absurdo del artículo es que la periodista consideraba apoyaturas unos adornos completamente ajenos a esa técnica

musical; eran, a lo sumo, *acciaccaturas*, es decir, notas ornamentales tan fugaces que sería ridículo atribuirles el mérito de
ser los emocionadores de la canción. Es como si alguien decre-
tara que la Catedral de Notre Dame nos conmueve sólo por las
gárgolas.

Si quieres que un plato pique, échale tabasco; si pretendes
que una canción haga aflorar la lagrimita, espolvoréala con una
cucharadita de apoyaturas, parece decirnos la periodista coci-
nera. Cuando la divulgación musical se hace con tanta superfi-
cialidad, casi se echan de menos las actitudes elitistas de nuestros dos esnobs televisivos de cabecera, Frasier y Niles Crane.

Errores que comete el *Wall Street Journal*: la apoyatura es algo
más que un simple adorno y siempre cae en la zona fuerte del
compás, mientras que las supuestas apoyaturas de *Someone Like
You* no lo están. La razón por la que la apoyatura ha de estar en
una zona fuerte es que en esas partes del compás se resuelven
las tensiones musicales. *Mutatis mutandis*, la apoyatura es a la
armonía lo que la síncopa es al ritmo.

¿Qué es la síncopa, recurso empleado constantemente en el
jazz? Un silencio, un vacío, una ausencia desestabilizadora colocada a propósito por el compositor donde uno esperaba encontrar un punto de apoyo.

La música militar es tan poco interesante porque, con el fin
de que los soldados marquen bien el paso, todos los acentos son
previsibles. Los puntos de apoyo están donde se espera que estén. En cambio, músicas como el flamenco o el jazz nos sedu-
cen con un juego casi erótico de imprevisibilidad colocando los
acentos allí donde uno no espera hallarlos. Como en el sexo, la
rutina y lo predecible matan en la música el interés del aman-
te/oyente.

En la parte fuerte del compás uno espera hallar siempre con-
sonancias, acordes estables que nos den tranquilidad y sosiego.

Si de repente encontramos una disonancia, el efecto sorpresa equivale (a nivel armónico) a encontrar una síncopa o un contratiempo en el ritmo.

Los buenos músicos siempre deparan sorpresas. Pensemos, por ejemplo, en una canción tan simple (pero tan buena) como *Give a Little Bit* de Supertramp. Un músico malo habría hecho coincidir la palabra acentuada *give* con la parte fuerte (acentuada) del compás. Rodger Hodgson, en cambio, plantea la canción a contratiempo: *give* va en parte débil y a lo largo de toda la canción este juego de sílabas acentuadas en tiempos del compás no acentuados se repite constantemente. La técnica es tan eficaz que esta vez sí que tendríamos derecho a afirmar que *Give a Little Bit* emociona porque la melodía va a contratiempo todo el rato. Aunque habría que matizar que ésa no es la única razón por la que la canción resulta tan atractiva. Tampoco podemos afirmar que una melodía a contratiempo es condición *sine qua non* para que un tema resulte conmovedor. *Let It Be* de los Beatles, por ejemplo, es una melodía extraordinaria y las sílabas fuertes (*find, time, mo-ther*) coinciden todo el rato con las zonas fuertes del compás.

A veces, para saber el efecto concreto que una determinada técnica musical produce en el ánimo del oyente, no está de más entonar la canción al revés. Invito al lector a que cante a su pareja de la primera cita la canción de Supertramp en forma previsible para hacer que se dé cuenta de lo anodina que sería la música si todo ocurriera según nuestras expectativas.

No hace falta saber tocar la guitarra ni instrumento alguno. Basta con marcar con las palmas los cuatro tiempos del compás y cantar la canción así:

CLAP,   CLAP,   CLAP,   CLAP.
Give a litlle biiiiiiit.

No con los acentos desplazados como la canta Roger Hodgson:

CLAP,   CLAP,   CLAP,   CLAP.
Give a little biiiiiiiiiit.

Pero volvamos a esa gran sorpresa armónica que es la apoyatura. Si *Someone Like You* no las tiene o si en ella no son determinantes para que aflore la lagrimita, ¿dónde podemos hallar apoyaturas musicales emocionantes?

No podría encontrar mejor ejemplo que el *adagietto* en fa mayor de la *Quinta Sinfonía* de Mahler. Mahler da a las apoyaturas un tiempo entero del compás (una negra) y, además, indica que el tempo debe ser *molto adagio*, con lo cual la disonancia tarda más tiempo en resolverse. Y, además, no se trata de una sola: todo el *adagietto* es una montaña rusa emocional que avanza de apoyatura en resolución y de resolución en apoyatura hasta el desenlace final.

Es evidente que cuanto más tiempo tarde el acorde disonante en resolverse sobre el consonante, más grande será la tensión en el oyente, pero también más intenso el placer que se producirá después.

En el *adagietto* de la *Quinta Sinfonía* de Mahler ocurre exactamente eso. La primera de todas las apoyaturas tiene, además, una importancia capital porque no sólo sirve para retrasar la entrada del acorde en fa mayor (el beso, en el símil erótico), sino que también nos impide saber a ciencia cierta la tonalidad en la que estamos, nos mantiene en la ambigüedad tonal. Es como adentrarnos en un bosque desconocido mientras se escucha, lejano, el aullido del lobo.

El *adagietto* empieza con un arpegio del arpa con las notas do y la. Do y la pueden pertenecer tanto a la menor como a fa mayor, de manera que lo que se acaba de iniciar puede ser tanto dramático y sombrío como alegre y despreocupado. Y cuando después de ese trampolín musical del arpa, que nos ha servido para tomar impulso (los músicos lo llaman *anacrusa*), nos lanzamos por fin a la piscina, resulta que ésta no tiene agua. Para que fuera consonante y nos proporcionara seguridad y relax, en el acorde al que Mahler nos arroja tendría que sonar, además de do y la, la nota fa, que completa la tríada de fa mayor. En lugar de eso, Mahler hace sonar la nota mi, que origina una disonancia notable ya que está a un semitono de fa y produce el efecto de un claxon. Además, la presencia de la nota mi nos impide proclamar aún que estamos en fa mayor porque mi es una nota extraña al acorde.

Como en *Hitch*. En la primera cita con Allegra, Albert no sabe si ella lo va a besar. Hay incertidumbre en al ambiente, hay ambigüedad, como la hay en el arranque del *adagietto*. Es una ambigüedad buscada deliberadamente (tanto en el caso del guionista como en el del compositor) para generar una tensión que convierta en más intensa la llegada del placer.

No todas las apoyaturas se demoran tanto como en el *adagietto*. Y, desde luego, no son un recurso exclusivo de la música clásica. En la que tal vez sea la canción más emotiva de todas las compuestas por Eric Clapton, *Tears in Heaven*, el músico hace un uso constante de las apoyaturas, pero, como el tiempo es medio, los retrasos en la obtención del placer (que produce la resolución de la disonancia) son mucho menos pronunciados.

¿Podemos decir entonces que de todos los ornamentos que puede incorporar una melodía, la apoyatura es el que está más ligado a la emoción? En absoluto.

Pensemos, por ejemplo, en el vertiginoso *glissando* con el que se abre *Rhapsody in Blue* de George Gershwin.

En teoría musical, el *glissando* está también considerado un ornamento, una forma de ligar dos notas. De hecho, Gershwin, en la partitura original de su genial rapsodia para piano y orquesta, no había previsto el *glissando*, sino que había escrito una escala en el pentagrama. Esto equivaldría a llegar a la cima del clímax musical peldaño a peldaño. Durante los ensayos, el clarinetista de la banda bromeó tocando la escala como un *glissando* y a Gershwin le divirtió tanto la aportación que la incorporó para siempre a la partitura. El *glissando* nació jugando, razón por la cual es tan apropiado el verbo inglés para tocar (un instrumento): *play*. Si no hay juego, no hay creatividad.

¿Por qué es tan divertido y sorprendente el *glissando* de *Rhapsody in Blue*? Porque es ascendente. La diferencia entre un *glissando* y una escala es la misma que se da entre una escalera y un tobogán. Si ya es divertido deslizarse cuesta abajo por un tobogán, imaginemos el efecto que nos produciría poder deslizarnos... ¡hacia arriba! La gravedad nos lo impide en la vida real, pero en música todo es posible: mediante una técnica que combina la colocación de la lengua con la abertura de la boca (apenas intervienen los dedos), el clarinetista es capaz de subir el tobogán al revés. El resultado es deslumbrante ...deslumbrante. Es uno de los arranques más espectaculares de todo el repertorio clásico.

Para terminar con Adele y las recetas para emocionar del *Wall Street Journal*, es mucho más verosímil que la emoción generada por *Someone Like You* provenga de factores ajenos a las falsas apoyaturas mencionadas en el artículo.

1) En la secuencia de cuatro acordes que abre la canción se produce una metáfora musical de la superación de la tristeza: acorde mayor, luego dos acordes menores (tristes) y superación de ese bache emocional con un nuevo acorde mayor.

2) Las estrofas de la canción son monótonas y tienen casi el aire de una letanía, mientras que el estribillo es muy contrastante y desgarrador, con la prodigiosa voz de Adele

escalando hasta las cimas más altas de su tesitura. El abrupto contraste entre estrofa y estribillo es lo que pone los pelos como escarpias.

3) La progresión de acordes del estribillo es similar a la de muchas canciones que nos han emocionado en el pasado; por ejemplo, *Let It Be* de los Beatles. Aunque el oyente no sepa qué es una progresión de acordes, la canción reaviva en nuestro inconsciente el recuerdo de emociones similares vividas en experiencias anteriores.

¿Quieres éxito ya en la primera cita? Pues parafraseando a la sádica profesora de *Fama*, el éxito cuesta y en este libro es donde vas a empezar a pagar.

Hay que ir a esa cita con los deberes hechos; es decir, habiendo visto o escuchado: 1) *Annie Hall*, 2) *Hitch*, 3) *Someone Like You*, 4) *Tears in Heaven*, 5) *Give a Little Bit*, 6) el *adagietto* de Mahler, 7) *The Sounds of Silence* y 8) *Living in the Past*.

18.

EL PODER DE LA MÚSICA

El poder es el poder porque siempre tiende a controlarlo todo, desde los úteros de las mujeres a las páginas que podemos o no visitar en Internet. La música no podía ser menos porque cuando entra en contacto con las palabras se comporta como un gran acarreador o penetrador de significados y emociones. La música poetiza incluso la prosa más vulgar y ya dijo Gabriel Celaya que «la poesía es un arma cargada de futuro». Con música se puede convertir en poesía, como demostraron en su día Les Luthiers en la *Cantata Laxatón*, hasta el prospecto de un laxante. El efecto de una melodía sobre las mentes es similar al que ejerce el dimetil sulfóxido sobre los cuerpos. Este líquido orgánico, conocido entre los químicos por sus siglas DMSO, empezó a usarse al principio como disolvente industrial y a partir de los años 60 también como ungüento para reducir el dolor y la inflamación. Pero su acción más singular, que resulta atractiva y aterradora a la vez, es su propiedad para atravesar rápidamente la epidermis y las membranas celulares, hasta las que puede hacer llegar, en cuestión de segundos, desde medicamentos a venenos. Un producto tóxico esparcido sobre la piel al que se le añade unas gotas de DMSO puede alcanzar el torrente sanguíneo en un abrir y cerrar de ojos y causar estragos irreversibles en nuestra salud. Afortunadamente también puede ser usado para el bien y permitir (por ejemplo) que la vitamina E o el colágeno penetren en las capas más profundas de la piel sin necesidad de emplear agujas hipodérmicas.

La música es el DMSO del espíritu: el gran penetrador.

Aunque ahora está de casulla caída, la Iglesia fue durante siglos el centro de poder más importante de Occidente. No sólo poseía enormes riquezas materiales y vastísimos territorios dentro de la Península Italiana sino que su capacidad para sojuzgar conciencias e imponer comportamientos no tenía parangón en todo el orbe. Desafiar a la Iglesia significaba ser expulsado de ella para siempre y arder en el infierno por toda la eternidad. Se cuentan con los dedos de una sola mano los hombres y mujeres que han plantado cara al papa a lo largo de la historia. Los más famosos son el rey Enrique VIII y, sobre todo, el teólogo Martín Lutero.

Para combatir la reforma luterana, la Iglesia del siglo XVI decidió convocar un concilio ecuménico que de ecuménico no tenía nada. El ecumenismo es el arte de templar gaitas entre las distintas familias cristianas. Trento fue otra cosa. Trento hizo por el Vaticano lo que la Fundación FAES hace ahora por el PP: proporcionarle argumentos ideológicos o, mejor aún, coartadas intelectuales para tratar de conferir a la represión una pátina de legitimidad moral.

Y lo cierto es que la represión de la Contrarreforma fue una de las más brutales que recuerdan los libros de historia.

El Concilio de Trento fue una reunión de cardenales, obispos y otros prelados de la Iglesia que se prolongó durante casi veinte años, aunque sólo dio tiempo para convocar veinticinco sesiones. Se adoptaron muchas medidas más o menos dogmáticas, pero las tres más importantes fueron éstas:

1) La Iglesia era la única mediadora posible entre el creyente y Dios; o, lo que es lo mismo, un católico no podía relacionarse directamente con el Ser Supremo y las Sagradas Escrituras como pretendía Lutero, sino que debía hacerlo a través de sus intermediarios en la Tierra: los sacerdotes.

2) Se decidió la reinstauración de la Inquisición, que se había estrenado con gran éxito de crítica y público en el siglo XIII para exterminar el movimiento herético de los albigenses.

3) Se aprobó la creación de un índice de libros prohibidos para que las ideas peligrosas de Lutero, Calvino y otros herejes del Renacimiento no llegaran a los creyentes.

Y, por supuesto, también se discutió sobre música. En aquellos tiempos (la primera sesión tuvo lugar en 1545) ya se había dado el salto del canto gregoriano a la polifonía y los compositores sacros competían para ver quién escribía la misa más tocha como los arquitectos actuales compite para ver quién levanta el rascacielos más alto o el edificio más llamativo. En el Renacimiento llegaron a escribirse misas de 32, 64 y hasta 128 voces. Si dos tertulianos hablando a un tiempo en un plató de televisión ya son difíciles de entender, imagine el lector el barullo que pueden organizar 128 cantantes entonando cada uno una melodía diferente. A la Iglesia, en el fondo, siempre le ha gustado más el gregoriano que la polifonía porque, aunque en los dos casos hay un coro, en el gregoriano todos cantan lo mismo.

Eso es el monoteísmo y por eso también la oración que canta el muecín desde el minarete es una única melodía que sostiene un único mensaje.

Los altos prelados reunidos en Trento estaban muy preocupados por lo que ellos consideraban «excesos de la polifonía». Con tanta gente cantando melodías diferentes al mismo tiempo, las oraciones no se entendían en la misa. Las palabras se convertían en una ensalada intolerable como pasa hoy en los programas del corazón televisivo.

¿Y qué necesidad había de que se entendieran las palabras si siempre eran las mismas? ¿Acaso no se las sabían ya? Cuando uno usa el lenguaje para expresar ideas o divulgar conocimientos y tiene la certeza de que sus palabras han llegado al destinatario, seguir insistiendo en lo mismo sólo puede causar irritación. Ahora bien, cuando el propósito es el lavado de cerebro del personal y las palabras se convierten en una mantra hipnótico para idiotizar al rebaño, es importante que se repitan una y otra vez y lleguen hasta el receptor perfectamente inteligibles. Sobre todo el *Credo in unum deum* porque el dogma de un ser supremo omnipotente cuya existencia no necesita ser demostrada es la esencia del pensamiento religioso.

Las misas polifónicas de la época hacían que el *Credo in unum deum* fuera percibido de esta forma tan confusa por los fieles:

Credo in unum Deum, patrem omnipotentem.
Credo in unum Deum, patrem omnipotentem.
Credo in unum Deum, patrem omnipotentem.
Credo in unum Deum, patrem omnipotentem.
Credo in unum Deum, patrem omnipotentem.
Credo in unum Deum, patrem omnipotentem.
Credo in unum Deum, patrem omnipotentem.
Credo in unum Deum, patrem omnipotentem.

Y eso que esta partitura sólo tiene ocho voces. En el Renacimiento, después de varios siglos de canto gregoriano, a los compositores católicos les pasó como a los directores españoles durante el destape, que sólo parecían interesados en mostrar tetas y culos en las películas. En las misas del Renacimiento, lo importante es que hubiera voces y más voces.

En Trento, cardenales y obispos se preguntaron sin descanso qué debían hacer con la música de los oficios. ¿Debían eliminarla por completo? ¿Volver al gregoriano? ¿Cómo conciliar el arte supremo de la polifonía con la claridad del mensaje? Lo incuestionable para sus ilustrísimas era que las misas se habían convertido en un obstáculo para el adoctrinamiento de los feligreses.

Y en esto llegó Giovanni Pierluigi da Palestrina, así llamado por haber nacido en la ciudad de Palestrina, a 40 kilómetros de Roma. Si en España tenemos a la Paquera de Jerez o Camarón de la Isla, allí tenían a Pierluigi da Palestrina, un compositor (y cantante) de un talento extraordinario que logró convencer a la curia con la *Misa del papa Marcelo*, una composición polifónica donde sí se entendían las palabras. Los altos prelados del concilio, en plan perdonavidas, decretaron que no era imprescindible prohibir la música en los oficios, aunque impusieron una serie de normas canónicas sobre qué podía incluirse en una composición religiosa y qué no. Esta injerencia fanática del clero en el arte acabó irritando de tal modo a Palestrina que éste dimitió de su puesto como maestro de capilla en San Juan de Letrán y se hizo contratar por el cardenal Hipólito d'Este, que mantenía su propia capilla privada.

La idea de que la música demasiado sofisticada puede ser un obstáculo para el lavado de cerebro que la Iglesia trata de ejercer a todas horas sobre su grey no es privativa de la curia católica. Johann Sebastian Bach también tuvo problemas irresolubles con el ayuntamiento de Arnstadt, donde prestaba sus servicios como organista. Las autoridades lo acusaron de introducir excesivas florituras en el acompañamiento de los corales, ornamentos que, supuestamente, confundían a la congregación y perdían a los fieles en un maremágnum de notas superfluas. Bach ya había sido amonestado anteriormente por prolongar un «viaje de formación» a la ciudad de Lübeck para familiarizarse con la polifonía alemana del gran pope de la época, Dietrich Buxtehude. El consistorio le había dado sólo permiso para un mes, pero Johann Sebastian tenía tanto que aprender del viejo maestro que prolongó la estancia cuatro meses sin autorización de sus superiores. Las malas lenguas dicen que Bach ansiaba suceder al veterano Butexhude como maestro de capilla en la Iglesia de Santa María, pero desistió de la idea cuando éste le impuso como condición que se casara con su poco agraciada hija.

Desde hace unos años, la rama salafista de los musulmanes ha vetado la música en la vida diaria. Esos pendejos dicen que las melodías permanecen durante días en la cabeza de los creyentes y ocupan un espacio que debería estar consagrado a la idea de Dios. Si sólo se sometieran ellos mismos a sus delirantes dogmas, tal vez algún día llegarían a inspirarnos lástima. Lo cierto es que provocan terror porque, mediante la fuerza, intentan imponer a toda la comunidad musulmana su interpretación disparatada del Corán y de la Sunna.

Aunque la *Misa del papa Marcelo* fue declarada modélica por los prelados del Concilio de Trento, otras composiciones no canónicas de Palestrina fueron proscritas por la curia e incluso el papa Paulo IV llegó a despedirlo como responsable de la Cappella Giulia, el coro que en San Pedro se encarga de todas las celebraciones religiosas donde no está presente el pontífice. ¿Motivo? Estar casado y haber publicado una colección de madrigales (composiciones polifónicas sobre tema profano) o, lo que es lo mismo, haber puesto su arte al servicio del pecado. Para la mentalidad del fanático, la música sólo está permitida si transporta la palabra de Dios.

La obsesión de controlar la música por tener ésta la propiedad de llevar las palabras hasta lo más profundo del corazón humano fue también una constante durante el franquismo. A partir de que empezaron a hacerse populares los *singles* y los elepés, es decir, desde el momento en que la gente pudo consumir música a la carta y no dependía a todas horas de la radio, los censores del régimen elaboraron un índice de canciones prohibidas que llegó a abarcar más de cuatro mil títulos. La autoridad decidía qué discos se podían grabar y radiar y enviaba cada cierto tiempo a las emisoras de todo el país una lista actualizada de los títulos proscritos. Vulnerar la prohibición era impensable porque te exponías a una multa millonaria o al cierre de tu estación de radio. Incluso después de muerto Franco, la lista continuó existiendo hasta bien entrado el año 1976. En octubre de ese año, *Diario 16* trató de emplear la canción *Libertad sin ira*, del grupo Jarcha, en su campaña publicitaria de lanzamiento y se encontró con la excomunión de Rafael Ansón, por entonces director general de RTVE, que incluyó el tema en la lista de canciones prohibidas. El desafío a esa prohibición llegó con el telediario que presentaba un Lalo Azcona de veinticinco años. De pie, ante las cámaras del informativo de las tres de la tarde, Azcona pronunció estas palabra históricas: «Se han propagado rumores infundados sobre la prohibición de la canción *Libertad sin ira* y, para demostrar que no tienen base, el grupo Jarcha va a interpretar el tema en directo».

Tras los tres minutos y medio que duró la canción dio comienzo el telediario y desapareció para siempre el índice de canciones prohibidas.

La música abstracta, no asociada a palabra alguna, llegó a ser proscrita en la Unión Soviética de Stalin por irreverente. Tras el triunfo del soviético sobre los nazis, se esperaba que uno de los grandes compositores del régimen, Dimitri Shostakóvich, que había dado momentos de gloria al Kremlin con sus quinta y séptima sinfonías, escribiera una obra triunfal, plagada de platillos y fanfarrias, para celebrar la victoria sobre Hitler. Shostakóvich sorprendió a propios y extraños con una *Novena sinfonía* muy burlona, que había sustituido los clarines y timbales por un sarcástico flautín, que ya desde el primer movimiento, se tomaba a guasa las pompas solemnes que esperaba el genocida soviético. Es cierto que Shostakóvich había prometido antes de que la guerra terminara, para congraciarse con los jerarcas del régimen, una sinfonía muy solemne, con solistas, coro y marchas triunfales. El compositor había dejado caer en alguna entrevista que estaba preparando una catedral sonora a imitación de la *Novena* de Beethoven, en la que se ensalzara el coraje del gran pueblo soviético y se cantara a mayor gloria del Ejército Rojo, libertador de la Gran Madre Rusia. Lo dijo tal cual y despertó tales expectativas que la decepción en el Kremlin fue más cruel que si no hubiera dicho nada. Shostakóvich era como el escorpión del chiste, que pica a la rana que le lleva a la otra orilla del río (sabiendo que morirán los dos) y se justifica con «no puedo hacer nada, está en mi naturaleza». El compositor fue incapaz de escribir la sinfonía apoteósica que había prometido (conocía demasiado bien los horrores de Stalin), pero tampoco optó por una obra dolorida y tenebrosa donde quedaran plasmados los sufrimientos espeluznantes que habían padecido sus compatriotas en la guerra contra las divisiones alemanas. En Leningrado, la ciudad natal del músico, se llegó al canibalismo. No se practicaba a la luz del día, pero era frecuente que cuando los sepultureros se presentaban a retirar un cadáver para llevarlo al depósito, a éste le faltase una pierna, un brazo o las cuatro extremidades juntas. El propio Shostakóvich había estado muy cerca de la muerte o del gulag cuando un agente del NKVD (Comisariado del Pueblo para Asuntos Internos) lo visitó en su casa para que delatara a un colega músico que, supuestamente, estaba preparando un atentado contra Stalin.

—Haga memoria —le espetó el policía—, seguro que recuerda algún detalle o retazo de conversación que lo incrimine. Tiene todo el fin de semana para acordarse. El lunes a primera hora lo quiero en mi despacho con todos los datos que haya podido recordar.

Llegado el día, Shostakóvich se presentó en las dependencias del NKVD con la certeza de que no volvería a ver nunca más a su familia, pero en el mostrador de recepción le dijeron que el policía por el que preguntaba no iba a poder recibirlo. El compositor regresó a casa y un día después se enteró de que su depurador había sido depurado.

Se había salvado de milagro.

Si su conciencia le impidió componer una oda a Stalin, la prudencia le aconsejó no escribir una sinfonía tétrica y oscura sobre los horrores de la guerra. Ya había intentado algo similar con la *Cuarta Sinfonía* y ni siquiera había podido estrenarla. Shostakóvich tiró por la calle de en medio y optó por una obra burlesca, en la que la victoria estaba contada no de la manera solemne que esperaba Stalin sino al estilo zumbón que habría empleado Petrushka, una marioneta de paja y serrín típica del folclore ruso que tiene la propiedad de cobrar vida y experimentar sentimientos. Como si Polichinela hubiese abaratado, en una ópera de Verdi, la gloria del Risorgimento italiano.

Stalin montó en cólera. ¡Ni solista ni coros, como le había prometido el compositor! ¡Ni una triste dedicatoria! ¡Y ese irritante flautín banalizando su gesta, convirtiendo su gloriosa hazaña en una acción diminuta y ridícula! Al año de su estreno en 1945, la *Novena* de Shostakóvich había sido censurada por los jerarcas del Kremlin por su «debilidad ideológica» y su fracaso a la hora de reflejar el verdadero espíritu del pueblo soviético.

¿Cómo servirse de toda esta información en la cena de postureo? Es muy fácil: la irrupción de Podemos ha despertado el interés por la política y la fe en la renovación de las instituciones como nunca antes había sucedido en España. Será muy difícil que en un momento de la conversación, uno de los dos comensales no mencione a quién ha votado, en qué manifestación estuvo la semana pasada o qué familiar suyo lleva en paro más de dos años. Ése será el momento adecuado para afirmar que la música debe volver a jugar un papel importante en la lucha política tal como ocurrió durante el franquismo, en el Risorgimento Italiano o en la Unión Soviética de Stalin.

Y gracias a este libro podremos respaldar nuestra tesis con una catarata de anécdotas que dejará a nuestra presa erótica completamente obnubilada.

19.

LA FLAUTA DE BARTOLO

Si la chica se ha resistido a aceptar la invitación para la cena romántica y él ha tenido que insistir, puede haber postureo musical de primer nivel si el chico dice que aprendió a insistir con elegancia gracias al *Bolero* de Ravel

—No entiendo nada —dirá ella—. ¿Qué tiene que ver el *Bolero* con la obstinación?

—El *Bolero* —responderá él— es un *ostinato*. Una palabra italiana que significa lo que parece: «obstinado». En música, la palabra *ostinato* se emplea para referirse a una técnica que permite que la canción entre en bucle. En música *dance* se llama *loop*, en rock lo llaman a veces *riff* y en clásica *ostinato*. ¿Quieres que te cuente cómo funciona?

La pregunta es peligrosa porque ella puede perfectamente responder que no, que mejor otro día.

Pero el postureo musical también lo puede protagonizar la parte pasiva de la conversación porque si ella se muestra receptiva da a entender que la cultura le interesa y que posee una mente inquieta y curiosa. No sólo posturea el que suelta pedanterías, también el que las aguanta en silencio como si le importara algo el rollo que le están soltando. Así que vamos a suponer que ella contesta:

—¡Llevaba toda la vida esperando a que un hombre me explicara el *ostinato* como Dios manda! ¡Eres mi príncipe azul de la música!

—La música —dirá él como si llevara aclarando estos conceptos desde los cinco años— normalmente se comporta como un río. Nos lleva de un punto a otro dándonos la sensación de que nos impulsa una corriente sonora. A veces esa corriente es plácida y apacible, como ocurre en el aria de la *Suite para orquesta en re mayor* de Bach, otras veces es agitada y bulliciosa, como en el *Allegro bárbaro* de Bartók, pero en ambos casos hay sensación de trayecto, de que existe un punto de partida y otro de llegada. Los acordes han sido dispuestos por el compositor de manera que su progresión sugiera que tenemos una meta.

El *ostinato*, en cambio, es una técnica para hacer que la música se embalse, que forme un pequeño lago, en el que el placer consiste en dar vueltas al mismo, como cuando alquilamos una barquita en un estanque.

El desafío para el compositor es cuánto tiempo logrará mantener al oyente en ese estanque sonoro sin que lo encuentre monótono.

Hay tres tipos de *ostinato*: rítmico, melódico y armónico. El *Bolero* de Ravel es de los primeros, aunque como sus dos melodías, de 16 compases cada una, se repiten 9 veces, también podemos hablar de un *ostinato* melódico. Sin embargo, si hay algo verdaderamente obsesivo en el *Bolero* es el *ostinato* rítmico de la caja, un bucle que ocupa dos compases nada más y que se repite más de 500 veces a lo largo de la obra.

¡500 veces! Lo único en mi vida que se ha repetido tanto son las llamadas a mi domicilio de los pelmazos de Vodafone.

Ravel consigue mantener el interés del auditorio confiando las repeticiones de su obsesivo ritmo y de su sinuosa melodía cada vez a un instrumento diferente (flauta, clarinete, oboe, etcétera) y creando un *crescendo* orquestal (la música aumenta gradualmente de *pianissimo* a *fortissimo*) que nos hace sentir como lógico, por inevitable, el estallido final, una abrupta modulación a mi mayor con un *chimpón* de remate que en realidad es un ¡TAAAAAAAA-TACATACATABUM!

Cuando Ravel dijo en una entrevista que el *Bolero* no era música, lo que estaba queriendo decir en realidad es que no era un río, sino un estanque. Los músicos de clásica consideran que el material de partida (en este caso, la serpenteante melodía de 32 compases) no es más que el comienzo de su trabajo. La labor de componer consiste en lo que ellos llaman *desarrollo*, el proceso por el cual ese material es fragmentado, secuenciado, comprimido, adornado, alterado rítmicamente, etcétera. Si después de todo lo que le han enseñado en el Conservatorio, un músico se limita a repetir un motivo o una melodía decenas de veces, se le aparece el espectro de su profesor de composición para darle un tirón de orejas.

—¿Qué, Maurice? ¿Teníamos pocas ganas de trabajar, eh? ¡Eres peor que el Bartolo de la flauta!

George Gershwin también tuvo que soportar críticas parecidas, pero en su caso no fue por repetir un motivo en lugar de desarrollarlo, sino por inventar una nueva melodía para sustituir a la primera cuando en realidad lo que tocaba era desarrollar la que acababa de exponer.

El compositor estadounidense estaba tan acomplejado con su falta de técnica que llegó a pedirle a Ravel que le diera clases de composición. Cuando éste (que, a pesar del *Bolero*, era un técnico muy hábil) escuchó su música, dijo que era mejor que siguiese siendo un «buen Gershwin» en lugar de convertirse en un «mal Ravel» y lo despachó otra vez para Nueva York.

Otro ejemplo muy conocido de *ostinato* rítmico, esta vez en rock, es *We Will Rock You*, de Queen, construida sobre una célula obsesiva que no hace más que repetir

TUM-TUM-CHA-TUM-TUM-CHA, etcétera.

O lo que es lo mismo: tres notas + silencio / tres notas + silencio, etcétera.

El ejemplo más conocido de *ostinato* melódico tal vez sea el *Canon* de Pachelbel, una pieza de finales del siglo XVII compuesta al parecer para celebrar la boda del hermano mayor de J. S. Bach y construida exclusivamente sobre un bucle de ocho notas. Mientras el bajo va repitiendo obsesivamente ese patrón de notas a lo largo de la composición (son casi 30 repeticiones) los tres violines van exponiendo una melodía que imitan al pie de la letra, a distancia de dos compases, según una técnica polifónica llamada canon que es la que da nombre a la pieza. Igual que en *Frère Jacques*:

> Frère Jacques, frère Jacques,
> dormez-vous? Dormez-vous?
> Sonnez les matines! Sonnez les matines!
> Frère Jacques, frère Jacques,
> dormez-vous? Dormez-vous...

A pesar de que el *Canon* no es más que un estanque sonoro (música circular que no va a ningún sitio), Pachelbel logra hacernos interesante la composición a base de ir complicando cada vez más la melodía que los tres violines cantan sobre la línea del bajo. Como si cambiara el barco en el que vamos, pero no el itinerario acuático.

El *Canon* de Pachelbel estuvo durmiendo el sueño de los justos hasta bien entrado el siglo XX, cuando una serie de versiones pop y transcripciones para orquesta sinfónica lo convirtieron en uno de los *hits* de los últimos 500 años. En España, el grupo los Pop Tops, que se convertiría en inmortal gracias a la canción *Mami Blue*, hizo en 1968 una versión cantada y con letra del *Canon* que se llamó *Oh Lord, Why Lord*. También fue muy famosa la adaptación que hizo el trío Aphrodite's Child, *Rain and Fears*, con Vangelis de genio creativo y Demis Roussos de *castratissimo* cantante.

El segundo *ostinato* más famoso de todos los tiempos tal vez sea el comienzo de *Tubular Bells*, con un obsesivo pero magnético *loop* de piano que se repite durante cuatro minutos seguidos (más que una canción corriente y moliente). Sobre ese bucle van cantando otros instrumentos liderados por el bajo, que expone la primera melodía.

El *ostinato* armónico es el más difícil de percibir para el oyente en el sentido de que, como no hay melodía ni ritmo claro, resulta más difícil determinar que hemos entrado en un bucle.

Tampoco resulta fácil determinar hasta dónde podemos estirar el concepto *ostinato* armónico. El blues, por ejemplo, no es más que un bucle de doce compases cuyas armonías (de tres acordes básicos) se repiten varias veces. Lo que ocurre es que como la letra va cambiando y los *fill-ins* instrumentales cada vez son distintos, uno tiene la sensación de estar navegando por música-río y no por música-estanque.

Un *fill-in* en blues es una melodía corta, casi un motivo, que sirve para paliar el *horror vacui* que se crea cuando el cantante ha dicho ya su verso y aún queda medio compás por rellenar.

El blues nace como ripio: dos versos que riman, de los cuales el primero se repite. La fórmula es AAB, AAB, etcétera.

Están escritos con un pie poético (una forma de acentuación silábica) llamado yambo, que consiste en que la primera sílaba no se acentúa y la segunda sí: *my love*, por ejemplo es un yambo, al igual que en castellano lo son *me voy* o *te vi*.

Si juntamos cinco sílabas seguidas con esta acentuación, obtenemos un pentámetro yámbico, el tipo de verso en el que Shakespeare escribía sus sonetos y también muchas de sus tragedias.

Penta porque hay cinco unidades, *metro* porque esas unidades son métricas y *yámbico* porque esas unidades métricas son yambos: «When I / do COUNT / the CLOCK / that TELLS / the

TIME» (soneto 12); «to CUT/ the HEAD/ off AND/ then HACK/ the LIMBS» (Julio César).

El blues suele emplear esta cadencia rítmica, la cual plantea, sin embargo, un pequeño problema al que ponen remedio, como decía, los *fill-ins*.

Cojamos por ejemplo un clásico del blues, como *Fine and Mellow* que han cantado desde Billie Holiday hasta Etta James

> My MAN don't LOVE me TREATS me OH so mean
> My MAN don't LOVE me TREATS me OH so mean
> He IS the LO west MAN I've E-ver SEEN

Como el bucle del blues son doce compases (en los que van alternando la tónica, la subdominante y la dominante), cada uno de los tres versos (dos repetidos más uno de remate) debería ocupar cuatro compases.

Si el cantante, por su forma de decir la letra, se queda corto, la trompeta o la guitarra se ocuparán de tocar una especie de apostilla musical a la frase, que se corta cuando empieza el siguiente ciclo de cuatro.

Un *ostinato* armónico que se ha hecho muy famoso en los últimos años, gracias al cine, es el de *Master and Commander*. El dueto que tocan Russell Crowe (violín) y Paul Bettany (chelo) es el pasacalle del *Quintettino* de Bocherini; *La música nocturna de las calles de Madrid*, un *ostinato* en 3/4 de sólo cuatro compases, sobre el que van alternando sus melodías los instrumentos solistas.

Los *ostinati* no son privativos de la música blanca: de hecho, en toda el África subsahariana, por ejemplo, suelen ser muy comunes las piezas con un *ostinato* machacón interpretado por un instrumento de la familia de los lamelófonos. Quien haya tocado alguna vez un arpa de boca, también llamada arpa judía, sabrá de qué instrumentos estamos hablando. El sonido lo producen delgadas placas de metal que por un extremo están sujetas a un puente (como las cuerdas de una guitarra) y, por el otro, están libres para que el intérprete las pueda accionar. La mambira o la kalimba son típicos instrumentos de esa franja de África.

Aunque es cierto que en el rock al *ostinato* se lo llama *riff*, hay una sutil pero importante diferencia entre ambos conceptos. El *ostinato* suena durante toda la pieza mientras la voz o la guitarra van desgranando por encima la melodía principal. Siempre que hay *ostinato* melódico hay polifonía, por muy elemental que sea el bajo que esté sonando por debajo de la voz principal. En cambio el *riff* es una fórmula instrumental repetitiva que se alterna, como si fuera un estribillo machacón, con la melodía de las estrofas.

Dos ejemplos clarificadores extraídos de la música de los Beatles. *Come Together* es un *riff* porque el SHUM-TUM-TUM TUM que abre la canción se repite cuatro veces y luego no sigue sonando bajo la voz metálica de Lennon. *Day Tripper* es un *ostinato* porque el *riff* de guitarra eléctrica sigue sonando cuando Paul McCartney empieza a cantar.

También es un error confundir el *ostinato* con la música minimalista, por más que ésta sea obsesiva y repetitiva a más no poder. En el *ostinato*, el músico repite una fórmula con la esperanza de que te olvides de ella gracias a otras melodías que están sonando durante la pieza. En cambio, las fórmulas repetitivas de la música minimalista (sugiero —¡que Dios me perdone!— la escucha de *In C*, de Terry Riley) llaman la atención sobre sí mismas para hipnotizar al oyente e instigarlo a percibir cómo esa fórmula muta en sus oídos a lo largo de interminables minutos que parecen transcurrir a paso de tortuga.

Arthur Penn le hacía decir a uno de los personajes de la película *La noche se mueve* que el cine de Éric Rohmer era como ver crecer una planta.

El minimalismo va más allá: es como ver cine de Éric Rohmer a cámara lenta.

Postureo final sobre la repetición:
–¿Sabes que llegaste a darme miedo con tanta insistencia? ¿Cuántas veces me llamaste para salir a cenar antes de que te dijera que sí?
–Nueve. Es mi número mágico. Insistí tantas veces como repeticiones tiene el *Bolero* de Ravel.

20.

BARTÓK PARA LIGONES

—Ahora he de tomar una decisión importante. ¿Me decido por Oscar Peterson o por el *Cuarteto número 5* de Bartók?

En la película *Sueños de seductor* (1972), Woody Allen le hace una pregunta erótico-musical a Diane Keaton y ésta entra en deliciosa complicidad con el más inseguro de los neoyorquinos brindándole la solución perfecta:

—Pon a Oscar Peterson, pero deja bien a la vista el disco de Bartók para que ella vea que lo tienes.

Allen está tratando de llevarse a la cama a Sharon, una rubia con la que va a salir a cenar esa misma noche. Ante la imposibilidad de seducirla marcando chocolatina a lo José María Aznar, la única vía que le queda es impresionarla intelectualmente.

Es lo que ahora llamamos postureo cultural.

La escena es graciosa en sí misma sin necesidad de tener noción alguna de música clásica, pero si uno conoce el mundo de Bartók resulta doblemente cómica.

¿Alguien se ha preguntado alguna vez qué habría ocurrido si Woody hubiese hecho lo contrario de lo que aconsejaba Diane Keaton? ¿Qué clima se habría creado en el apartamento si, en vez de Oscar Peterson, al entrar la chica hubiese sonado el *Cuarteto número 5* de Bartók? Lo cierto es que aquello se habría convertido en la escena de la ducha de *Psicosis* porque prácticamente no hay pieza del húngaro que no suene amenazadora, inquietante o siniestra.

Dudar entre Peterson o Bartók para crear ambiente de ligoteo es como preguntarse si para subir al Annapurna es mejor llevar chanclas o botas de escalada. Y por cierto: la pieza de Peterson, compuesta ex profeso para la banda sonora de la película, se titula *Blues for Allan Felix* (el personaje interpretado por Woody) y es la primera pieza de jazz que suena en una película de Allen.

Pero volvamos a Bartók, húngaro antinazi fallecido en 1945, a los 64 años, de una leucemia que se le había manifestado dos años antes. Su música de los años 30 está tan cargada de negros presagios que parece anunciarnos todos los horrores de Hitler y el nazismo.

Particularmente desafortunada por parte de Allen habría sido la elección de los movimientos segundo y cuarto del cuarteto, ya que los musicólogos los consideran un claro exponente de la llamada «música nocturna».

La de Bartók tiene poco o nada que ver con la famosa *Pequeña música nocturna* de Mozart. Yo diría que se sitúa exactamente en sus antípodas. Si la composición de Mozart es dicharachera y revoltosa, la de Bartók es ominosa y sombría. Hasta el punto de que Stanley Kubrick usó este tipo de música para ambientar algunas secuencias de *El resplandor*. El adagio de *Música para cuerdas, percusión y celesta*, que suena en esa película, comparte con el *Cuarteto número 5* la capacidad para inspirar desasosiego y ansiedad en el oyente.

¿Qué caracteriza los pasajes «nocturnos» de Bartók? El elemento común a todas las obras que comparten esta técnica es un conjunto de disonancias inquietantes sobre el que el compositor nos hace escuchar extraños sonidos que imitan criaturas de la noche y/o melodías solitarias. ¿Se imaginan qué cara habría puesto Sharon si al entrar en el apartamento de Allen hubiera oído, por ejemplo, a un vampiro de los Cárpatos batiendo las alas?

El término *música nocturna* nació en 1926 tras la publicación de una suite de cinco piezas para piano solo que Bartók tituló *Al aire libre*. La cuarta de esas piezas, *Sonidos de la noche*, reproduce los ruidos espectrales emitidos por el sapo venenoso *Bombina bombina*, más conocido como sapo de vientre de fuego. Este curioso batracio produce su peculiar bramido por el procedimiento de proyectar el aire de la boca hacia los pulmones; es decir, genera el sonido inhalando, al contrario que la mayoría de las criaturas terrestres sin excluir a los tres tenores, Bisbal y el mismísimo Pitingo.

De manera, que no: la sola idea de recibir a la chica con música nocturna bartokiana es descabellada o algo peor: es suicida.

En cambio, sí parecía buen consejo (ya que Allen pretendía hacerse pasar a toda costa por un eximio intelectual de Brooklyn) lo de dejar a la vista la carátula del disco.

La música de Bartók es enormemente cerebral y matemática. Si lo que quieres es impresionar a tu pareja en la primera cita con un comentario muy pedante sobre el compositor húngaro, puedes decir:

—¡Adoro a Bartók! Su sistema cromático se basa en las leyes de la proporción áurea y especialmente en la serie numérica de Fibonacci.

¡Chúpate ésa, Sharon!

21.

MÚSICA INAUDITA

Erik Satie es, probablemente, el compositor más excéntrico que ha pisado la faz de la Tierra. Aunque ya se ha pasado un poco la moda, aún diríamos, copiando a Papuchi, que Satie era «grrraro, grrraro, grrraro».

Entre sus manías estaban, por ejemplo, la de llevar siempre un martillo como medio de defensa personal o la de tener dos pianos de cola en casa. Pero no en habitaciones diferentes, no: ¡en el mismo cuarto y colocados uno sobre el otro! Una torre de pianos. Él tocaba en el de abajo y utilizaba el de arriba como cajonera para guardar paquetes y cartas. Además detestaba el sol y era coleccionista de paraguas.

Pero su música no es siempre tan extraña como su persona. Las *Gymnopedies*, por ejemplo, son piezas tan escuchables (incluso para los no interesados en la música clásica) que yo se las he oído incluso a pianistas de hotel, ésos que suelen destrozar las canciones añadiéndoles acordes empalagosos y abusando del pedal de *sostenuto*.

Las *Gnosiennes*, otro grupo de piezas muy conocido, han sido ampliamente divulgadas gracias al cine. La número uno en particular aparece en infinidad de películas, entre ellas *Chocolat*, donde suena en una versión orquestal.

Pero aparte de éstas, Satie tiene piezas no menos estrafalarias que su bizarra personalidad.

¿Bizarra? ¡Perdón! ¡He usado *bizarro* como sinónimo de extravagante! Se ha puesto de moda en España por imitación del inglés y de Paco Clavel. ¡Yo he caído! Porque *bizarro*, en castellano, quiere (o quería) decir «valiente» o «airoso». *Mea culpa*.

Quería decir que Satie tiene un buen puñado de piezas muy marcianas, pero la que se lleva la palma es *Vexations*. En el idioma de Molière, *vexation* puede significar «ofensa», pero también «molestia». Veamos por qué.

Vexations consta solamente de 18 notas y según Satie hay que repetir la pieza 840 veces. La indicación que figura en el encabezamiento de la partitura dice textualmente: «Para tocar 840 veces este motivo será bueno prepararse con antelación, y en el más profundo silencio, para la más intensa inmovilidad.»

Lo cierto es que Satie era muy irónico y bromista y es bastante verosímil que escribiera lo de las 840 veces a modo de simple *boutade*. Un sarcasmo musical como el que usó contra Debussy. ¿Conoces la anécdota? Satie era amigo de Debussy y éste le sugirió que introdujese cambios en su música.

—¿Qué tipo de cambios?

—No sé —respondió Debussy—; tal vez cambios en la forma.

Al cabo de dos semanas, Satie se presentó en casa de Debussy con sus *Tres fragmentos en forma de pera*. A su atónito amigo le explicó que, en atención a su atinada sugerencia formal, había optado por la forma de pera.

¿Debe *Vexations* tocarse 840 veces seguidas? En vida de Satie no llegó a tocarse ni una sola.

Y en esto llegó John Cage.

El no menos excéntrico compositor estadounidense decidió, en 1963 que sí, que la indicación del francés había que tomársela al pie de la letra. Cage reunió a una docena de amigos, alquiló un auditorio en Manhattan (el Pocket Theatre de Nueva York) y el 9 de septiembre *Vexations* se tocó entera, las 840 veces. La interpretación duró 18 horas y 40 minutos y el público fue desertando poco a poco hasta que a las 4 de la mañana sólo quedaban 6 personas. El único masoca que resistió hasta el final fue un actor llamado Karl Schenzer. No sabemos qué ha sido de él, pero búsquenlo en un manicomio.

Cage le devolvió al actor medio dólar del total del importe de la entrada (5 dólares) porque eso es lo que había pactado con los espectadores. Por cada 20 minutos, un centavo de reembolso. Como 18 horas y 40 minutos suman 1120 minutos, obtenemos 56 bloques de 20 minutos.

¿Por qué Erik Satie compuso un mantra musical como *Vexations*? Dejando aparte la broma fácil de que pretendía lograr un top mantra, hay dos teorías: 1) Satie detestaba a Wagner y Wagner era un compositor de óperas interminables. *Vexations* podría haber sido monumental una mofa wagneriana, un aviso a navegantes pelmas: «Richard, para dar el coñazo a la gente no hace falta tanto anillo nibelungo ni tanto acorde tristánico: bastan mis 18 notas repetidas hasta la saciedad». 2) Satie había sido abandonado por el único y gran amor de su vida, la pintora Suzanne Valadon, por quien llegó a sentir auténtica veneración: «Amo todo tu ser, tus hermosos ojos, tus dulces manos y tus pequeños pies». Tras la ruptura, Satie le dijo a un amigo que se le había anestesiado el alma. No sentía nada «excepto una helada soledad que llena el cerebro de vacío y el corazón de tristeza». Tal vez, para martirizar a la mujer que lo había dejado reducido a una piltrafa sentimental, la única salida era componer *Vexations*.

La pregunta que nos hacemos todos es ésta: ¿por qué coño necesitaba llevar un martillo en el abrigo un tío capaz de crear un arma de destrucción auditiva tan demoledora como *Vexations*?

22.

LA GAYA MÚSICA

En el capítulo «El postureo chungo» prometí responder a la pregunta «¿hay música gay?». Lo primero, naturalmente, es determinar qué entendemos por música gay. ¿Música compuesta por gais? ¿Música que escuchan los gais? ¿Música que te vuelve marica? ¿Música que plasma el mundo o los sentimientos de los homosexuales?

Como la música no tiene la función referencial del lenguaje, resulta imposible encontrar un equivalente en sonidos a un poema como el que transcribo a continuación (lo he hallado en Internet):

> Yo gozo cada vez que me asesinas
> con tu puñal ardiente y desmedido;
> dardo que, en tanto cálido, me inclinas
> entre mis labios, casto y bendecido.
>
> Daga que labra en mí cándido nido
> a un colibrí de fuerzas centaurinas;
> daga que con fragancias mortecinas
> me vibra en un confín enfebrecido.

Tras leer estos ripios, hasta el más circunspecto y homofílico de los críticos literarios exclamaría: «¡Vaya mariconada!».

Este poema se percibe como «amariconado» no porque describa un coito homosexual, sino porque resulta desmesurado en la expresión. Ése es el uso coloquial que las personas no homófobas, y también muchos homosexuales, le dan a la palabra *mariconada*: exceso + cursilería + obviedad. No es necesaria la metáfora del «puñal ardiente y desmedido» para aludir a un gran pene erecto, ni la de «confín enfebrecido» para referirse a *la* «salva sea la parte» que recibe esa puñalada durante.

Leyendo los versos uno recuerda la máxima del arquitecto Mies van der Rohe: «Menos es más». Por sobrecargar las tintas y hacer demasiado obvia la metáfora, el autor impide que el lector participe en el poema aventurando significados, descifrando imágenes, haciéndose preguntas. Si nos lo dan todo mascadito, nuestra imaginación, en vez de dispararse, se congela porque se queda sin trabajo.

Es interesante comparar las chuminadas metafóricas de este trovador cibernético con el estilo de John Lennon, ese gran juglar del siglo XX. En su canción *Strawberry Fields Forever*, escrita en Almería en 1966, hay un verso redactado inicialmente así: «There's no one on my wavelength» [no hay nadie en mi longitud de onda].

Lennon explicó durante una entrevista concedida a *Playboy* en 1980 (el año de su asesinato) que tuvo conciencia desde niño de que era una persona fuera de lo normal, una criatura con superpoderes.

Era diferente de los demás. He sido diferente toda mi vida. Siempre he sido tan intuitivo, poético o como quieras llamarlo. Siempre veía las cosas en un modo alucinatorio que iba más allá de las apariencias.

Esa conciencia se expresaba al principio con el símil de la longitud de onda que el otro no capta. Pues bien, como a Lennon le parecía que el significado era demasiado evidente, que la metáfora estaba demasiado trillada (en la vida cotidiana usamos a menudo *no estás en la onda*), cambió el primer verso para hacerlo más oscuro, más críptico. La versión definitiva dice: «No one, I think, is in my tree» [creo que nadie está en mi árbol]. Un tropo mucho más difícil de conectar con el «you can't tune in» [no puedes sintonizar] que viene un poco después.

Si aceptamos *amariconado* como sinónimo de demasiado cursi, obvio y excesivo y no de pervertido o enfermo (a la manera de Conferencia Episcopal), música gay, o *gay friendly*, sería toda aquélla que a causa de un despliegue de sentimentalidad excesiva paraliza la imaginación del oyente en vez de estimularla. Ese exceso en la expresión (musical) solemos hallarlo más en el intérprete o arreglista que en el compositor. Con esto quiero decir que no existe ninguna progresión de acordes o disposición de las notas que, en sí misma, resulte afeminada, empalagosa o cursi. En cambio, hasta la melodía más sublime se puede convertir en una mariconada si cae en manos de un intérprete afectado. Por eso subrayaba en otro capítulo la importancia de dar con la versión adecuada de cualquier pieza clásica.

Es amariconado un violonchelista que se excede en el *rubato*, un pianista que abusa del *sostenuto* o un guitarrista que hace *vibrato* en cada corchea.

El *vibrato*, una ligera oscilación de la nota para dotarla de expresividad, era un recurso usado con cuentagotas durante el Barroco. En el Romanticismo, sin embargo, se empezó a abusar del artificio con resultados contraproducentes. Al estar todas las notas vibradas, el efecto quedaba devaluado por la inflación. Es como si un novio te estuviera diciendo «te quiero» o llamándote «princesa» cada cinco minutos. Al enésimo «te quiero» le podríamos decir con más razón que una santa: «Lo poco agrada y lo mucho cansa. Esfúmate».

La ópera es un género muy ligado a lo gay precisamente por ser un arte desmesurado donde las pasiones son mayores que en la vida real: una persona puede estar muriendo con un cuchillo clavado en la espalda durante diez interminables minutos rellenos de gorgoritos. Lo cual no quiere decir que entre los compositores de ópera predominen los homosexuales. De hecho, las grandes óperas del repertorio actual fueron escritas en su mayoría por heterosexuales, algunos de ellos con tantas conquistas a sus espaldas como Julio Iglesias. Pero hay conspicuas excepciones

FRIEDRICH HÄNDEL

El compositor de óperas como *Xerxes* o *Julio César* (cumbres del barroco) era una persona extraordinariamente discreta en lo sexual aunque fuera una *primadonna* en lo profesional. En Roma coincidió con Arcangelo Corelli, un gran compositor, pero en modo alguno un virtuoso. En cierta ocasión se negó a tocar un la agudo al violín mientras ensayaban un oratorio (argumentando que era imposible) y Händel lo humilló en público cogiendo el instrumento y tocando él mismo la melodía donde estaba esa nota.

Händel era bebedor y tripero. Nunca se casó, tal vez por su avinagrado carácter o tal vez porque... era homosexual. Fue un protegido del cardenal Ottoboni, propietario de una villa romana de tales dimensiones que podía acoger en régimen de pensión completa a toda una caterva de artistas, varios de ellos homosexuales. En los saraos ottobonianos se interpretaban cantatas de contenido veladamente gay.

ETHEL SMITH

Era lesbiana y está confirmado. Su ópera *The Wreckers* [Los náufragos] está considerada la más importante compuesta en Reino Unido entre el *Dido y Eneas* de Henry Purcell y el *Peter Grimes* de Benjamin Britten. Otra ópera suya, *Der Wald* [El bosque] es la única compuesta por una mujer que se haya estrenado nunca en el Metropolitan Opera House de Nueva York. Tuvo numerosas aventuras con mujeres. A su libretista (varón) le confesó en 1892 (en plena época victoriana): «Me pregunto por qué me resulta mucho más fácil amar apasionadamente a las personas de mi propio sexo que a las del tuyo. No puedo explicármelo porque soy una persona de mente sana». Smith llegó a enamorarse de la reina de las sufragistas británicas, Emmeline Pankhurst, que para colmo estaba casada. Y con 71 años le tiró los tejos nada menos que a Virginia Woolf. «Siento como si me hubiera enganchado un cangrejo gigante», comentó la escritora.

PIOTR ILICH CHAIKOVSKI

El autor de *Eugenio Oneguin* era gay hasta la médula y es probable que hubiera entregado gustoso toda su fortuna por no serlo, ya que el sufrimiento que le produjo tener que ocultar su orientación sexual en la represiva Rusia de los zares fue indecible. Su muerte a la temprana edad de 53 años, atribuida al cólera, pudo ser en realidad un suicidio. La única mujer a la que fue capaz de amar fue la soprano belga Désirée Artôt, a quien conoció cuando ella visitó San Petersburgo con una compañía italiana de ópera. Cuando él ya pensaba que iba poder cerrar el compromiso, ella le dio calabazas con un barítono español que cantaba en su misma compañía. Para colmo se llamaba Mariano, como nuestro inefable presidente del Gobierno. A pesar de ello, Chaikovski no pudo olvidarla, siguió admirándola hasta el fin y le rindió varios homenajes musicales. El más romántico fue el de la *Obertura fantasía*, donde el tema de amor está en re bemol mayor. En la notación alemana, esa tonalidad se escribe *Des*, las tres primeras letras del nombre de su amada. Chaikovski tenía fijación con su madre y las pasó canutas cuando ella murió, e incluso antes, cuando tuvo que separarse de ella al ser enviado a un internado. A la edad de 37 años intentó un matrimonio de camuflaje que acabó como el rosario de la aurora. Por complacer a su familia y poner fin a las habladurías sobre su «nefando vicio», como lo llamaba el doctor Marañón, Chaikovski cometió dos errores garrafales. El primero fue casarse y el segundo, hacerlo con la mujer equivocada, Antonina Miliukova, una antigua alumna suya de composición a la que Modesto, el hermano del compositor, describió como «medio idiota». No conocemos el cociente intelectual de Miliukova, pero sí que no se enteraba de nada. En cualquier caso, aquella mujer era incapaz de empatizar con las emociones de su marido. Durante las semanas en que ella y Piotr convivieron en Moscú (él estaba desmoronándose por dentro), ella aseguraba estar viviendo los días más felices de su vida, como una bella durmiente que hubiera encontrado a su príncipe azul.

Me gusta mirarlo de reojo, sin que se dé cuenta, y lo admiro enormemente, sobre todo durante el té mañanero. Tan guapo, con esos ojos tiernos que me derriten el corazón, ha traído un soplo de aire fresco a mi vida. Me quedaría horas allí sentada mirándolo y pensando: «Gracias a Dios que es mío y no pertenece a ninguna otra. Ahora es mi marido y ninguna puede quitármelo».

El fracaso de su matrimonio le costó a Chaikovski una crisis nerviosa de tal calibre que decidió refugiarse en Suiza, concretamente en la Pensión Richelieu de Clarens, cerca del Lago Leman. Tenía que olvidar a la mujer con la que había cometido el error de casarse y también a su alumno favorito, Vladímir Shilovski, que lo había abandonado hacía pocos meses para contraer nupcias con una aristócrata rusa. Miliukova y Chaikovski permanecieron casados legalmente pero no volvieron a verse. La estancia en Clarens tuvo tal efecto balsámico sobre la mente torturada del pobre Piotr Ilich que tras sólo una semana ya se sintió con fuerzas para completar la orquestación de *Eugenio Oneguin*, su ópera más famosa. Algo debe de tener el agua cuando la bendicen y algo debe de tener Clarens cuando sirve de tanta inspiración a los genios. Chaikovski pudo completar allí al año siguiente el *Concierto para violín*, una de sus obras más interpretadas, y Stravinski, varias décadas después, compuso los ballets *La Consagración de la primavera* y *Pulcinella*.

BENJAMIN BRITTEN

Fue uno de los grandes compositores del siglo XX, autor de óperas tan representadas como *Peter Grimes* o *Billy Budd*. Nunca salió oficialmente del armario, pero medio mundo estaba al corriente de que convivía (su relación duró muchísimos años) con el tenor Peter Pears. Tan consolidada estaba la pareja que cuando falleció Britten la propia reina de Inglaterra envió el mensaje de condolencia a Peter Pears.

¿Hay música gay? No, solamente música compuesta por gais, que a menudo suena más viril que la de los heterosexuales. Algo perfectamente previsible. ¿O es que nunca ha escuchado el lector la *Obertura 1812* de Chaikovski?

23.

ESTÁN TOCANDO NUESTRA CANCIÓN

Una de las maneras más inolvidables de impresionar a nuestra pareja en la primera cena romántica consiste en ser capaz de reconocer una pieza que esté sonando por la radio o por la megafonía del restaurante. Es como si se acercara el metre con el vino de la casa y nosotros, tras probar un sorbo y chascar la lengua una sola vez, pudiéramos decir, como Leo Harlem: «¡Mmm! ¡Un Merlot de 2012! Intenso, complejo con matices, motas de sándalo y vainilla y un final tánico poderoso donde se revelan largas notas tostadas».

El sueño de cualquier posturista de clásica es estar hablando con música de fondo y, en un momento dado, poner cara de éxtasis, interrumpir la charla y decir: «¿Lo reconoces, verdad? Es el adagio del *Concierto para clarinete* de Mozart. ¡Me trae tantos recuerdos! Lo utilizó Sidney Pollack en *Memorias de África*. Era el momento "están tocando nuestra canción" entre Meryl Streep y Robert Redford».

Sólo hay algo que podría darnos aún más gloria que la escena descrita: que ella fuese quien nos pidiera que le identificáramos la pieza: «Me encanta esta música, ¡me parece tan romántica! Pero nunca he sabido cómo se llama». Y, en ese momento, ¡zasca!, soltarle una perorata sobre Mozart y su *Concierto para clarinete* que la convenza de que necesita conocernos más íntimamente, y a ser posible esa misma noche.

El problema es encontrar un restaurante donde pongan música clásica (normalmente la música de ambiente es *chill out* o jazz) y, además, ser capaces de identificar la pieza. Solamente el catálogo de J. S. Bach incluye más de mil obras, de manera que las posibilidades de que nos toque una que sepamos reconocer, y sobre la cual además hayamos leído lo suficiente para poder improvisar un par de frases culturetas, es muy limitada.

¿Y si pudiéramos ir al restaurante a tiro hecho? ¿Y si fuéramos capaces de reservar mesa en un local donde sabemos con certeza que sonará música clásica y qué música sonará?

En el argot del postureo a esto se lo llama hacer un *everyone says I love you* porque en la película de Woody Allen, éste seduce con una treta similar a Julia Roberts. La hija de Woody en la película le filtra que Julia está escribiendo un libro sobre Tintoretto y que con toda certeza la encontrará al día siguiente en la Scuola Grande di San Rocco, que alberga el museo dedicado al pintor veneciano. Woody se aprende entonces de memoria y en una sola noche un tratado sobre Tintoretto, se hace el encontradizo y le suelta el rollo a la mañana siguiente. Y le funciona. Como funcionará este tratado sobre la seducción musical.

Tengo una excelente noticia para quienes quieran practicar en Madrid esta modalidad del postureo seductivo. En el Barrio de los Austrias hay un restaurante riojano (omito su nombre por falso pudor publicitario) donde se cena maravillosamente bien por un precio módico y donde, *last but not least*, ponen música clásica perteneciente a un cedé que preparé para Universal Classics en el año 2000. Por aquella época, además de presentar *Lo + Plus* con Fernando Schwartz, estaba al frente de un programa diario en Sinfo Radio llamado *Ciclos*, programa que permaneció muchos años en antena y que gozaba de apreciable estima entre la audiencia.

Las ventas de discos de música clásica ya empezaban a caer en picado debido a la piratería y al responsable de este mítico sello, Melchor Hidalgo, no se le ocurrió otra cosa que sacar a la venta un «álbum con prescriptor», es decir, un disco donde la música está seleccionada y recomendada por un famosete (además de saber algo sobre música clásica, estaba por entonces en el Everest de mi popularidad televisiva debido a la difusión del mencionado *show* de entrevistas). Normalmente, este tipo de discos se lanzan a beneficio de algo. Por ejemplo, el periodista Javier del Pino, que presenta ahora uno de los espacios más escuchados de la radio, *A vivir que son dos días*, ha sacado al mercado hasta la fecha dos cedés con canciones de su programa y ha donado los beneficios a Payasos sin Fronteras.

Clásicos para una isla desierta, el cedé que me encargó Universal y que renace con este libro (el lector también puede escuchar las composiciones mediante una lista de reproducción disponible en malpasoed.com/tocala) fue un álbum no menos benéfico: yo me beneficié toda la pasta.

Ignoro qué fortuna comercial tuvo el disco porque me limité a tomar el dinero del anticipo y salir corriendo, pero sí puedo garantizar que escogí las obras con cariño y esmero y que las versiones son de primera calidad. *Clásicos para una isla desierta* (ahora rebautizado *Tócala otra vez, Bach*) es parte de la música clásica que más me ha emocionado a lo largo de mi ya dilatada vida. O por decirlo a la manera de John Cusack en *High Fidelity*: es la casete que en mi adolescencia le hubiera grabado a la chica de mis sueños y mis concupiscentes deseos.

Sabemos, pues, que hay un restaurante en Madrid donde se come extraordinariamente bien. Sabemos que el local es pequeño y acogedor, por lo que se presta a las mil maravillas para una velada íntima. Sabemos, por último, que ponen música clásica para ambientar y que esa música pertenece a un disco que yo mismo he recopilado. ¿Qué más se puede pedir?

Lo que te propongo, ¡oh, lector! (me encantan los vocativos: le dan un aire homérico a mis textos), es un entretenido repaso a algunas de las obras incluidas en ese cedé para, la noche de autos, estar en condiciones de impresionar a la más pintada no sólo reconociendo la pieza, sino aportando además algún dato curioso que nos termine de encumbrar a la cima más alta del exhibicionismo y la pedantería cifrada.

Sé que es jugar con ventaja, pero así juegan los grandes. Ya hemos visto un ejemplo en la ficción de Woody Allen. En la vida real, el mago Juan Tamariz, uno de los mejores ilusionistas del mundo, tiene la costumbre de esconder cartas en los sitios más insólitos durante sus giras para utilizarlas (o no) años más tarde. El espectador que protagoniza el truco de magia no puede imaginar el modo como su carta puede haber volado de su mano a la cafetería del teatro por la sencilla razón de que esa carta fue colocada allí por Tamariz meses antes.

Yo haré el trabajo con el disco que acompaña a esta obra y ustedes serán quienes lo completen con su propia selección, pues el verdadero posturista no se conforma con dejar caer, como si fueran suyas, las ideas y reflexiones que oye en boca de los demás, sino que llega a crear sus propios bancos de postureo cultural, siempre, ¡faltaría más!, con el ánimo de deslumbrar al prójimo y no con el de enriquecerse interiormente.

La persona cultivada se distingue del posturista en la finalidad que le da a la información que adquiere, no en el esfuerzo que le cuesta conseguirla. Mi abuelo materno, Rafael Sánchez Mazas, frecuentaba en Bilbao una tertulia a la que asistía el periodista Pedro Mourlane Michelena, un posturista de manual que presumía todo el rato de ser muy leído para pasar por enciclopedista. Mi abuelo, que tenía un humor muy ácido y socarrón, solía tomarle el pelo diciéndole: «Con el trabajo que le cuesta a usted fingir una cultura que no tiene podría haberse hecho una cultura de verdad».

Vamos, pues, con un repaso a algunas de las obras que incluí en aquel disco, de las que iremos contando peculiaridades y anécdotas con el fin de hacer su escucha más placentera. No es lo mismo oír que escuchar. Escuchar es oír sabiendo qué debes percibir. Aaron Copland escribió un libro entero sobre ese pequeño matiz: *What to Listen for in Music.*

La serie se abre con el *Tango* de Albéniz. Se reconoce porque no tiene aires de tango argentino, sino de habanera. Es decir, aunque comparte el mismo ritmo que el tango argentino, se toca más lento, como imitando el balanceo de un velero fondeado al atardecer en una romántica caleta. El ritmo del acompañamiento (mano izquierda del piano) se puede tararear con todo tipo de sílabas, por ejemplo *bum, ba-bop-bop, bum.* Aprenderse el ritmo de la habanera, como si uno lo hubiera mamado desde la cuna, y canturrearlo en la mesa mientras llegan las croquetas o lo espárragos crujientes (dos de las especialidades de la casa) nos hará subir muchos puntos. Tras reconocer el *Tango* diciendo que nos lacera por dentro porque nos evoca una vieja historia de amor mal curada, podemos mencionar de pasada, pero casi con desgana, como si nos lo preguntaran y no lo estuviéramos metiendo nosotros con calzador, que la habanera es un baile de origen criollo, es decir, que fue creado por blancos europeos nacidos en Cuba, por el procedimiento de mezclar una danza francesa llamada contradanza con un ritmo africano que venía probablemente del Congo.

La habanera es una danza tan mulata como Barack Obama.

—¡Qué interesante es todo lo que me cuentas! —dirá nuestra cita—. ¡Me encantaría saber más de música!

—Tal vez un día de estos encontremos el momento de escuchar el *Tango* de Albéniz con más detenimiento porque merece la pena —responderemos con aplomo—. Por el momento te basta saber que ese tango-habanera es muy luminoso porque está compuesto en la tonalidad de re mayor. Skriabin, un compositor ruso muy obsesionado con la relación entre música y colores, sostenía que re mayor estaba asociada al color dorado.

El *Tango* está compuesto originalmente para piano, pero hay versiones muy chulas para guitarra precisamente porque la tonalidad de re es muy propicia para este instrumento. La pieza es breve (dos minutos y medio) y nostálgica (aunque aún faltaban casi diez años para que España perdiera Cuba) y los musicólogos afirman que es el tango de concierto más famoso de la música clásica.

Si nuestra pareja muestra interés por la habanera o cita la más conocida de todas, la de la ópera *Carmen*, podemos anotarnos un nuevo tanto y empezar a monopolizar la conversación contando la historia del plagio de Bizet:

— ¿Cómo? ¿No sabías que Georges Bizet le plagió la habanera de *Carmen* a un compositor español llamado Sebastián Iradier?

A diferencia de lo que sucedió con *La violetera* (el plagio de Chaplin al maestro Padilla), que se saldó con un pleito y la obligación de Chaplin de indemnizar al autor, Bizet no fue denunciado. Cuando le señalaron la coincidencia, simplemente puso cara de infanta Cristina, dijo que creía que *El arreglito* (tal es el nombre de la pieza) pertenecía al acervo popular español y que no había obrado de mala fe. Tan difícil de creer como que cierta exministra de tez achicharrada por los rayos UVA no supiese de dónde había salido el Jaguar de su marido o los viajes gratis total a Eurosdisney. Lo de Bizet apesta a plagio intencionado (o sea, doloso). Primero porque *El arreglito* es de 1863 y *L'amour est un oiseau rebelle* es de 1890. A la gente le había dado tiempo a disfrutar de Iradier y luego a olvidarse de él porque habían pasado casi treinta años. Segundo porque Iradier había publicado en París su habanera, integrándola en una colección de 25 canciones y arreglos que vieron la luz bajo el título de *Fleurs d'Espagne*.

La segunda pieza del disco es el adagio del *Concerto a cinque, opus 9, número 2* de Albinoni, el autor de un célebre *Adagio para cuerdas y órgano* que en realidad jamás compuso. Sí, amigos: el famoso adagio de Albinoni fue escrito en 1945 por el eminente musicólogo italiano Remo Giazotto, que contó que había encontrado en Alemania el manuscrito barroco y se había limitado a arreglarlo. De esa manera consiguió que su obra obtuviera mucha mayor atención y difusión, ya que Albinoni es uno de los compositores más apreciados del Barroco italiano. El *Concerto a cinque* incluido en mi disco es tal vez su obra más famosa, y el adagio de ese concierto, el movimiento más célebre. Yo descubrí esta pieza durante mi adolescencia en un anuncio de televisores Philips que lo usaba como música de fondo. La música me fascinó hasta tal punto que llamé a mi excompañero de colegio Joaquín Turina (nieto del compositor) para que me ayudara a identificarla porque no lograba sacarme la melancólica melodía del oboe de la cabeza. Turina, que estaba presentando por entonces un programa de música clásica en la SER, me ayudó a localizarla y, además, me proporcionó, un tiempo después, mi primer trabajo en la radio, ya que me ofreció que fuera su sustituto ante el micrófono durante los meses que duró su servicio militar. *De música,* que así se llamaba el espacio, era un programa un tanto envarado al que le sobraba almidón, con textos solemnes escritos por otros que la directora del programa y yo mismo teníamos que locutar sin apartarnos una coma del guion. Aunque la música era buena y la experiencia novedosa, me aburrí tanto que no terminé la suplencia. Desde entonces, siempre que he hecho divulgación musical en la radio he procurado alejarme lo más posible del tono de aquel primer programa con el que me inicié en el medio.

El título *Concerto a cinque* alude a la intervención de cinco instrumentos. En el caso que nos ocupa, se trata de violines, oboe, viola, violonchelo y bajo continuo. Es importante que quien se está iniciando en música clásica aprenda a distinguir entre voces o partes reales y número de instrumentos que las tocan. En un cuarteto de cuerda, por ejemplo, hay cuatro voces diferentes (cada instrumento toca su propia melodía), defendida cada una por un solo instrumento. En una orquesta sinfónica en cambio puede llegar a haber treinta violines tocando una misma melodía. Hay arreglos de cuartetos para orquesta en los que el arreglo consiste únicamente en que haya más instrumentos por cada voz. Tal es el caso por ejemplo del *Adagio para cuerdas* de Samuel Barber, que nació como un movimiento lento de cuarteto y fue transcrito luego por el autor, a petición de Arturo Toscanini, para orquesta de cuerda. A excepción del refuerzo de los contrabajos, la partitura es la misma, sólo que tocada a lo grande.

Podríamos definir las voces musicales como lo que pasa en la música a nivel horizontal, mientras que la armonía (los cambios de acorde) es lo que pasa a nivel vertical.

El Barroco es un periodo musical donde pasan muchas cosas a nivel horizontal y pocas a nivel vertical, a excepción de la música de Bach, que es tan densa que pasan cosas a los dos niveles durante casi todo el tiempo. Es fácil imaginar la partitura como una tela vista con lente de aumento. La textura de cualquier tejido consta de hilos entrecruzados en dos direcciones. La trama va en horizontal y la urdimbre, en vertical. El clasicismo, por ejemplo (Mozart, Haydn), tiene más de urdimbre que de trama. Los musicólogos emplean (¡faltaría más, hay que complicarlo todo!) otras palabras para definir la textura de la música.

Monodia cuando sólo hay una voz musical, a palo seco. Por ejemplo en el canto gregoriano hay muchos monjes en el coro, pero cantando una sola cosa. *Homofonía* cuando hay muchas voces, pero con valores rítmicos iguales, formando mazacotes de acordes. La sensación que tiene el oyente es que hay una sola melodía (la voz soprano o superior), pero muy densamente acompañada. Luego está la *polifonía*, donde no sólo hay muchas voces, sino que éstas se mueven de manera independiente, cada una a su bola. ¡Ojo, que he dicho «a su bola», no a «su puta bola»! Aunque las voces vayan rítmicamente por libre, aún tienen que cumplir un requisito, que es que cuando coinciden verticalmente tienen que armonizar (sonar bonito) o al menos crear disonancias inteligentes, es decir, roces o tensiones creados adrede (nunca al azar) por el compositor para generar expectación o drama en la obra.

Por último está la melodía acompañada, en la que hay un solo hilo de trama, con más o menos urdimbre, y que engloba desde una sonata de Mozart hasta una canción de Joaquín Sabina.

Volviendo al *Concerto a cinque* de Albinoni, se llama así porque hay cuatro grupos de instrumentos encargados de crear trama y uno solo (el clavecín) que se ocupa de la urdimbre. De los encargados de la trama, violines, violas y chelos están doblados (hay varios por voz musical), mientras que el oboe, encargado de llevar la melodía principal, es el lobo solitario.

Albinoni se fue a la tumba creyendo que iba a ser recordado como compositor de óperas (escribió más de cuarenta) pero como casi ninguna llegó a ser publicada (aunque sí estrenada), los manuscritos se han perdido. Hoy en día es célebre por sus composiciones instrumentales, aunque ya en su tiempo logró ser lo que un chuleta madrileño llamaría un «figura». Tanto que Bach compuso al menos dos fugas para teclado sobre sendos temas de Albinoni y usó sus melodías de bajo como base para los ejercicios de armonía de sus alumnos.

En el caso de Albinoni, la apoteosis del postureo podría alcanzarse diciendo: «Para mí el verdadero Albinoni está en Bach. Consiguió que Albinoni fuera más Albinoni que el propio Albinoni».

Si cuela la bobada, podríamos reforzarla con un argumento cultureta. Bach echó sus dientes como compositor armonizando corales luteranos. El rito luterano es mucho más participativo que el católico y los creyentes cantan melodías sencillas en la iglesia, algunas de las cuales fueron compuestas por el propio Lutero. Bach armonizó muchas de ellas y se convirtió en un experto en textura homofónica. Cuando pasó a desarrollar composiciones polifónicas, había aprendido tanto de la urdimbre musical que era incapaz de diseñar tramas sin urdimbre. Por eso decimos que sus tejidos musicales son los más densos de toda la música occidental. El sentido de la sentencia *hipster* sobre Albinoni sería, pues, que las armonías de Bach realzaron aún más las hermosas melodías del veneciano.

La siguiente pieza del disco sí es del propio J. S. Bach. Se trata del *andante* del *Concierto italiano* para teclado. ¡Un momento! ¿Un concierto para teclado? ¡Creía que los conciertos eran para solista y orquesta! Bach riza el rizo en esta pieza que intenta evocar, con un clavecín de dos teclados, el diálogo entre solista y orquesta en un concierto barroco. Un clave de dos manuales, como son conocidos estos bicharracos, permite al intérprete, con sólo accionar la clavija correspondiente, acoplar los dos teclados para que suene más fuerte la música, desacoplarlos para que suene más piano, tocar en uno a la octava aguda y en el otro a la octava grave e incluso apagar uno de ellos para que imite el sonido de un laúd o de un arpa. Aunque la versión del *andante* que incluí en el disco es para piano (Andras Schiff es uno de los intérpretes más sublimes de Bach), en la versión para clave con dos teclados podemos arpear el acompañamiento, para evocar el sonido de una orquesta barroca tocando en *pizzicato*, y dejar libre el otro para que la melodía recuerde la de un violín.

Más Bach en el siguiente corte del disco, esta vez para hacer llegar hasta el oyente uno de los talentos más asombrosos del alemán: su capacidad para sugerir polifonía mediante un instrumento monofónico como el violín. La pieza es el preludio en mi mayor de la *Partita para violín solo número 3*, donde hay un arreglo para guitarra que yo llegué a tocar en mi lejana juventud. Pocos compositores en la historia se han atrevido a escribir tanto y tan bien para un solo instrumento como Bach, que compuso seis suites para violín (llamadas sonatas y partitas), otras tanta para chelo y una para flauta travesera.

Lo que Bach crea en estas suites se llama en el argot musicológico *polifonía implícita* y se diferencia de la polifonía real en que mientras en ésta hay realmente dos voces sonando al mismo tiempo, en la primera sólo lo parece. Las técnicas que Bach emplea para crear la ilusión de polifonía son tres. A veces rompe los acordes, sirviéndose de lo que los barrocos llamaban estilo *brisé*. En vez de hacer que las notas del acorde suenen al tiempo, las arpegia, con lo que consigue que el bajo del acorde sea percibido como la melodía y el resto de las notas como el acompañamiento. Otra técnica que emplea son los saltos melódicos: una voz está exponiendo una idea en la octava grave y se contesta a sí misma en la octava aguda, con lo que parece que hay dos voces dialogando. La tercera técnica consiste en tocar acordes en el violín de tres y hasta cuatro notas, en rápida sucesión, para que parezca realmente que el instrumento es polifónico como una guitarra o un arpa.

A estas alturas, y a poco que a nuestra pareja le guste la música clásica, lo más seguro es que la chica esté pensando: «¡Joder! Debe de haber sólo diez personas en España que sepan qué es la polifonía implícita de Bach y encima puedan explicarlo. ¡Y yo estoy cenando con una de ellas! ¡Estoy por decirle a este chico tan culto que voy al baño y desde allí telefonearé a mi madre para contárselo!».

24.

LA DECONSTRUCCIÓN DE BEETHOVEN

El quinto corte del disco es el *allegretto* de la *Sonata para piano número 17, «La tempestad»*, de Beethoven. Solamente las reflexiones que suscita esta sonata ocuparían varios libros muy útiles para acaparar la conversación con nuestra futura conquista durante toda la cena.

Para empezar, ¿por qué se llama *La tempestad*?

Hay subtítulos de obras de Beethoven que si no han sido directamente ideados por él, tienen al menos un sólido fundamento. La *Sinfonía pastoral*, por ejemplo, no se llama así porque Beethoven lo decidiera expresamente, aunque es cierto que lleva por subtítulo *Recuerdos de la vida campestre*. El adjetivo *pastoral* está, pues, plenamente justificado. En cambio, el apodo «La tempestad» es totalmente ajeno a los deseos de Beethoven y es fruto de las intoxicaciones musicológicas de Anton Schindler, el secretario y primer biógrafo del genio de Bonn. Es tal la lista de infundios y majaderías propagadas por Schindler en sus escritos que cabría perfectamente hablar de dos listas de Schindler: la de Spielberg, basada en la biografía del célebre rescatador de judíos y la de este auténtico Federico Jiménez Losantos musical.

En el célebre tratado *The Beethoven Compendium*, Barry Cooper desmenuza la vida y las obras de Beethoven y llega a decir del Schindler chungo que su propensión a la inexactitud y a la fabricación fue tan grande que virtualmente nada de lo que registró puede ser creíble a menos que se apoye en otra prueba. Anton el Intoxicador hizo rular por toda Viena la anécdota, totalmente apócrifa, de que al preguntar al maestro por el significado de la *Sonata en re menor*, éste le recomendó que leyera *La tempestad* de Shakespeare. En esta obra hay, efectivamente, una tormenta marina que lleva a uno de los personajes a naufragar en las playas de una isla desierta. Nada de esto ocurre en la sonata de Beethoven. No estamos ante *música de programa*, una expresión que emplea la musicología para referirse a toda aquella composición que trata de reflejar o imitar hechos extramusicales. *Las cuatro estaciones* de Vivaldi, por ejemplo, intenta pintar con sonidos las descripciones de otros tantos sonetos bucólicos, en los que se habla del gorjeo de los pájaros o del ladrido de los perros. La propia *Sinfonía pastoral* contiene acotaciones de Beethoven en la partitura donde habla de alegres reuniones de campesinos o de ominosas tormentas campestres que se aproximan. En *La tempestad* no hay ni un solo comentario en este sentido, aunque el melómano es muy libre de asociar los turbulentos pasajes de Beethoven con aquello que le venga en gana.

La música es un lenguaje metafórico en un doble sentido. En primer lugar, crea analogías entre ideas sonoras o motivos dentro de la propia partitura. La socorrida Wikipedia nos dice que la metáfora es «un tipo de analogía o asociación entre elementos que comparten alguna similitud de significado para sustituir a uno por el otro en una misma estructura». Pues bien, en las páginas de cualquier compositor de talento, estas analogías no son meros aditamentos para ornamentar la partitura, sino el modo específico en que se desarrollan muchas ideas dentro de la música. Una melodía se transforma en su secuencia (suena, por ejemplo, una tercera más alto), que a su vez se transforma en su inversión, que a su vez se condensa en un motivo más simplificado, de manera que durante muchos compases la idea inicial se va convirtiendo en otra sin dejar de ser ella misma. Lo asombroso de las músicas de programa compuestas por los grandes genios no es tanto la efectividad con que describen los sucesos extramusicales contemplados en la partitura (que a veces es de una fidelidad casi cómica, como en la sección

«Personajes con grandes orejas» del *Carnaval de los animales* de Saint-Saëns), sino el hecho de que las piezas no rebajan en ningún momento su contenido metafórico interno en el intento de crear la metáfora externa. O dicho de una forma menos pedante: Beethoven jamás construirá una melodía vulgar para que ésta imite de manera más fiel el gorjeo de un ruiseñor. En la *Sinfonía pastoral*, por ejemplo, que es un ejemplo *light* de música de programa (en el sentido de que el propio compositor dice que las anotaciones colocadas al comienzo de cada movimiento intentan sugerir estados de ánimo más que describir con realismo fenómenos extramusicales), la transformación de motivos musicales empieza ya en el segundo compás. Es decir, en menos de cinco segundos hay una serie de notas que se repiten con el mismo ritmo, pero invertidas, como si, *mutatis mutandis*, después de hacernos oír «con cien cañones por banda», Espronceda repitiera «por banda con cañones cien». En la inversión pastoral hay un elemento reconocible, que es el ritmo, pero las notas progresan de atrás hacia delante, con lo que el motivo se ha metamorfoseado. Como en toda metáfora que se precie, A se ha convertido en B sin dejar de ser A, al igual que en el conmovedor «terciopelo ajado» de la *Elegía* de Miguel Hernández seguimos reconociendo el corazón hasta ayer pujante de vida de su amigo Ramón Sijé, fallecido a la tempranísima edad de 22 años de una septicemia en un hospital de Orihuela.

Si algo tiene de extraordinario la sonata *La tempestad* no es tanto el contenido metafórico extramusical, que es inexistente, como el desparpajo con el que el compositor se salta las reglas del juego para sorprender a su decimonónico auditorio. Si se hubiera atenido a los cánones, Beethoven tendría que haber comenzado la sonata en la tonalidad en la que está escrita, re menor. La hoja de ruta de todo compositor tonal consiste en establecer una tonalidad de partida, para después alejarse de ella y explorar otros territorios musicales, volviendo luego a casa, cual exhausto Marco Polo, tras haberle regalado al oyente un manojo de excitantes experiencias sonoras.

Beethoven descoloca al público de la época comenzando la obra en la dominante, y encima con una versión inestable de la misma ya que el acorde está en primera inversión. ¿Primera qué? Para poder mencionar en la cena de postureo que un acorde está en primera o segunda inversión conviene saber qué es eso, no vaya a ser que nuestra pareja nos cace en un renuncio. Un acorde sencillo consta de tres notas, de la misma manera que una oración sencilla consta de sujeto, verbo y predicado. Esas tres notas se pueden colocar de tres maneras en función de donde esté la nota más importante que es el bajo (porque sostiene todo el acorde). En la sintaxis gramatical ocurre lo mismo. Una frase como «yo compré el disco» puede enunciarse también con el verbo en el bajo, *compré yo el disco,* o con el predicado en el bajo, *el disco compré yo,* de la misma manera que el acorde de do mayor (el de Julie Andrews en *Sonrisas y lágrimas*) se puede tocar en la llamada posición fundamental (que no es la del misionero) do-mi-sol en primera inversión como Beethoven, con la tercera en el bajo mi-sol-do o incluso con la quinta en el bajo, sol-do-mi. ¿Qué aporta cada posición al acorde? Color y tensión. Cuanto más lejos de la fundamental en la escala está la nota del bajo, más tensión tiene el acorde. La música clásica y el jazz son lenguajes más sofisticados que el pop o el rock porque detalles tan aparentemente nimios como dónde está colocada la nota del bajo son esenciales, de la misma manera que en la alta cocina, la diferencia entre echar sal Maldon o del Himalaya a un guiso puede distinguir a un cocinero del montón de uno excelente. No hay aforismo más sabio (esto también vale para soltarlo en la cena) que «Dios está en los detalles» del arquitecto Mies van der Rohe (una máxima, por cierto, emparentada con «también entre los pucheros anda el Señor» de Santa Teresa). Consideremos lo que ocurre en la oración con las tres posiciones. *Yo compré el disco* (con el sujeto explícito, no tácito) parece hacer hincapié en la persona que compró el disco. No fuiste tú, no fue él, fui yo: el que habla. *Compré yo el disco* subraya la forma en que el disco llegó a mis manos: no lo robé ni lo pedí prestado, lo compré. Por último, *el disco compré yo* intenta recalcar que fue un disco lo que compré, no un libro o un calzoncillo. En los tres casos, lo que ha ocurrido es sustancialmente lo mismo, pero con distintos matices o énfasis, igual que con las inversiones en la música.

Decía antes que Beethoven descoloca a su auditorio empezando en la dominante de la tonalidad en la que está la obra y no en la tonalidad misma. Es evidente que nadie puede quedar descolocado si previamente no hay una expectativa de lo que va a pasar. Si alguien me tiende la mano y yo le doy el pie, como hacía Harpo Marx en el cine, queda descolocado por el hecho de que su expectativa era que yo le estrechara esa mano tendida.

El público para el que tocaba el alemán estaba mucho más formado que el de ahora, conocía las formas musicales y lo que cabía esperar de ellas y, por lo tanto, era más «sorprendible». Eso estimulaba la creatividad de Beethoven que buscaba siempre nuevas formas de desconcertar a los nobles vieneses de la época. En *La tempestad*, además de la sorpresa de la tonalidad inesperada de arranque, se produce otro hecho asombroso: el tempo inicial no es el que prevalecerá a lo largo del movimiento. Empieza largo, luego tres compases de *allegro*, después adagio, largo otra vez, y ya por fin, después de una serie de calderones (paradas), arranca el *allegro* de sonata.

Otra manera como podemos fardar de musicólogos durante la cena es señalarle a nuestra pareja que la tonalidad de re menor en que está escrita *La tempestad* es muy rara en Beethoven. No tiene ninguna otra sonata compuesta en esta tonalidad y tan sólo otra obra conocida, la *Novena sinfonía*, comparte la mencionada armadura.

—*La tempestad* tenía que significar algo muy especial para Beethoven. Y creo saber qué es. ¿Quieres que te lo cuente ahora o esperamos al segundo plato?

—No, por favor, ahora. ¡Me encanta aprender cosas nuevas!

A diferencia de otras sonatas, que están escritas desde el amor a bellas aristócratas (Beethoven era tan arisco como enamoradizo) o para superar desengaños amorosos (a Beethoven le daban calabazas cada dos por tres), *La tempestad* es un sobrecogedor y solitario grito de angustia ante la constatación de que se iba a quedar irremisiblemente sordo. Está escrita en 1802, en la aldea de Heiligenstadt, donde se había refugiado el pobre, tal vez con el propósito de poner allí fin a su vida. Tenía sólo 32 años y se sentía el ser más infeliz del mundo, ya que Dios le estaba privando del sentido que más necesitaba. Escribe entonces una carta (una especie de testamento donde nombra herederos a sus dos hermanos), pero, curiosamente, no llega a enviarla. El mero hecho de escribirla, de desahogarse poniendo negro sobre blanco sus más íntimos y tenebrosos pensamientos, le da fuerzas para seguir adelante.

—¿Y por qué re menor se relaciona con su sordera?

—Más que con su sordera, con la agonía que le causaba vivir en un aislamiento cada vez mayor. En cierta ocasión, uno de sus discípulos más famosos, Carl Czerny, le preguntó cómo había que tocar el primer movimiento. «¡Rompe el piano!», le respondió.

Re menor es la tonalidad más triste de todas porque es la de las personas que han perdido la esperanza. Ya sabéis lo que decía García Lorca: «El más terrible de los sentimientos es el de la esperanza perdida».

—Me parece que voy a llorar —dirá ella; pero nosotros continuaremos impertérritos el relato—.

No sé si has oído hablar alguna vez de un músico canadiense apellidado Pietropaolo. Tiene un magnífico ensayo radiofónico, con el que ganó el Premio Italia, donde trata de definir el significado afectivo de las 24 tonalidades mayores y menores. Re menor se sabe olvidada por todos y por todo. La gente, dice Pietropaolo, llora al instante en cuanto oye su desgarradora historia. De hecho, el lacrimosa del *Réquiem* de Mozart está en esta tonalidad. Pero re menor, a la que Pietropaolo denomina *la dama de hielo*, no es una mujer pasiva. Humillada y mortificada por el hecho de que el destino haya frustrado sus deseos y aspiraciones de manera tan inmisericorde, re menor puede ser también muy vengativa. El mundo la ha maltratado y ahora su cólera no tiene límites. Hará pagar a justos por pecadores, te perseguirá hasta el Averno y no te mostrará piedad alguna. ¡Qué tía más hija de puta!

Así es re menor: la tomas o la dejas. Puede conmoverte en el adagio del *Concierto para oboe* de Marcello o en la habanera de *Carmen* para continuación lanzarse sobre ti a degüello en el «O fortuna» del *Carmina burana* de Carl Orff o en la *Noche en el monte pelado* de Musórgski. ¿Y sabes cómo te conduce hasta el garlito donde acabará contigo? Mediante la seducción. Es una vampiresa, una mujer fatal, la Linda Fiorentino de la música clásica. ¿Sabías que Hans Zimmer, el compositor de *Gladiator*, tiene debilidad por re menor? Muchas de sus bandas sonoras están escritas en esa tonalidad, entre las de *Gladiator*, *El caballero oscuro*, *Piratas del Caribe y El código Da Vinci*.

La sexta pieza 6 es el *Concierto emperador* para piano de Beethoven. Escogí el movimiento central, que es el más lírico, *adagio un poco mosso*, pero todo el *Concierto número 5* es digno de ser escuchado una y otra vez en una isla, esté desierta o tan poblada como Mallorca en agosto. Está escrito en honor de un Archiduque tan amigo de Beethoven que éste le dedicó a lo largo de su vida otras 14 obras, algunas tan importantes como la *Sonata Hammerklavier* o la *Misa solemnis*. Su nombre era Rudolph Jo-

hannes Joseph Rainier von Habsburg-Lothringen, pero los amiguetes lo conocemos como archiduque Rodolfo. Si el concierto
está dedicado a un archiduque, ¿por qué se llama «Emperador»? Es imposible que Beethoven lo escribiera pensando en
Napoleón Bonaparte porque la obra es de 1809 y, por esas fe-
chas, las tropas napoleónicas estaban bombardeando Viena, la
ciudad donde vivía el músico. El apodo se lo dio, casi con seguridad, el editor inglés de la partitura, J. B. Cramer, quien consideró que, dadas las dimensiones de la obra (dura cuarenta
minutos) y la solemnidad del tema principal en el primer movimiento, el concierto era en verdad digno de un emperador.

Los editores de música no son distintos de los de libros y
siempre buscan todo tipo de trucos promocionales para vender
mejor sus partituras.

El *Emperador* es el único de los cinco conciertos para piano de
Beethoven que no pudo estrenar porque su sordera estaba tan
avanzada que le resultaba imposible coordinarse con la orquesta. El segundo movimiento, que es el que está en el disco, tiene la
particularidad de ser un remanso de paz absoluto, después de
las turbulencias del movimiento anterior, que nos ha tenido en
vilo trepidante durante 20 minutos. La sensación que produce
este adagio es de una gradual expansión liberadora, como cuando empezamos a respirar al estilo yoga, cada vez con más concentración, y acabamos llenando los pulmones de aire tan profundamente que es como si levitáramos. Un sosiego como el que
crea aquí Beethoven no se consigue sólo tocando despacito: la
sensación de quietud absoluta viene también del hecho de que
apenas nos movemos de la tonalidad de partida, que es si bemol
mayor.

La música que nos resulta ajetreada viaja siempre a galope a
través de un gran número de tonalidades mayores y menores;
aquí en cambio nos limitamos a inspirar con hondura, sin mo-

vernos del lugar, el oxígeno purísimo de montaña que nos insufla Beethoven. El melómano que se inicia debería intentar apreciar tres detalles en este adagio. Los *pizzicati* de la cuerda grave en la primera exposición del tema, que confieren a la melodía el sereno aplomo que tanto necesita; las tres partes en que se divide el tema (reconocibles porque tras cada uno de ellos hay una respiración o un cambio en la textura orquestal); la cadencia de engaño que hay al final de la tercera parte, que se repite varias veces a lo largo del movimiento y permite a Beethoven darle aún más vuelo a su melodía.

Una *cadencia de engaño* es una manera imprevista y provisional de resolver una disonancia, de tal modo que el oyente tiene la sensación de que la frase no ha quedado rematada definitivamente. Tras el acorde de séptima dominante, que es la disonancia por antonomasia en música (el *chin* antes del *pon* en el *chimpón*), siempre tiene que sonar el acorde de tónica. Es la única manera de que el oído sepa que la frase ha terminado. Si en lugar de eso cerramos con un acorde diferente, es como si termináramos la oración con punto y coma: tenemos la certeza de que el texto continúa porque el punto y coma nunca es conclusivo. Pero la cadencia de engaño hace algo más que prolongar la melodía. Crea sorpresa, puesto que estamos tan acostumbrados a que después del *chin* venga el *pon* que cualquier otra resolución nos descoloca. Como cuando Joaquín Sabina en su inolvidable *Canción para la Magdalena* sustituye *la una* por *la luna* en el verso «si estás más solo que la luna». Al principio podemos llegar a creer que hemos oído mal porque el dicho de siempre es más sólo que la una. Luego descubrimos que es una metáfora sabiniana y que poetiza el dicho porque la luna está tan sola como la una, pero es bastante más romántica. Aun así, me pregunto si Sabina habría cambiado *una* por *luna* si hubiese sabido que la etimología de la expresión no es *la una* como hora solitaria, sino como concejal donostiarra del siglo XIX. Iñaki Laúna decidió presentarse como independiente a las elecciones locales y el resto de las fuerzas, políticas y mediáticas, le hicieron el vacío más absoluto. Esa soledad de Laúna despertó simpatía entre el electorado y el vasco a punto estuvo de triunfar tras hacer de «más sólo que Laúna» su eslogan electoral.

25.

EN BUSCA DEL DUENDE PERDIDO

La siguiente pieza del disco es el fandango del *Quinteto para guitarra número 4* de Luigi Boccherini. Los quintetos de guitarra del italiano no son composiciones para cinco guitarras, como podría pensarse por el nombre, sino para cuarteto de cuerda (violín, viola, violonchelo y contrabajo) con guitarra. Sería más acertado llamarlos quintetos con guitarra. Aunque ese fandango es una composición muy popular (véase *Goya en Burdeos* de Carlos Saura), tampoco alcanza la categoría de piedra angular de la música occidental. Decidí incluirla en mi disco por tres razones:

1) Tras la maravillosa siesta del adagio beethoveniano necesitábamos algo para reanimarnos, y nada mejor que un fandango para venirse arriba.
2) Soy guitarrista *amateur* y me gusta como escribe para guitarra Boccherini: ha entendido perfectamente qué se puede hacer con el instrumento y qué no y le saca todo el jugo a las seis cuerdas
3) Es asombroso y digno de reconocimiento cómo un espagueti consigue meterse hasta el tuétano en el ADN de la música española para crear una pieza que podrían haber firmado perfectamente Falla o Turina. El duende, esa destreza para pellizcarte el alma con el cante, el toque o el baile (un raro talento entre los músicos), no lo poseen en exclusiva ni los andaluces ni los gitanos. Incluso entre la gente que lo tiene, el duende puede aparecer en una noche inspirada y echarse a dormir luego tres días seguidos. Este guadianismo del duende quedó perfectamente

plasmado en una famosa frase del Lebrijano: «Los días en que yo canto con duende no hay quien pueda conmigo».

Ergo el duende va y viene según le plazca y el intérprete es su médium: no lo controla.

En cuanto a que el duende tenga denominación de origen, es una completa falacia. Hago mías las palabras de Rafael Sánchez Ferlosio, probablemente la persona más amusical que he conocido en mi vida, que en su ensayo *Vendrán más años malos y nos harán más ciegos* dejó escrita una reflexión muy certera:

La telúrica pedantería del narcisismo andaluz, por la que pretenden que sólo ellos pueden llegar a sentir y comprender plenamente lo suyo y por la que si te atreves a dar palmas en una sesión folclórica (que, por cierto, tan sólo los ingleses se han demostrado capaces de aguantar más de una vez), te sugieren amable pero piadosamente que más vale que lo dejes porque nunca acertarías con el compás, les lleva a presumir de que lo que llaman «duende» es una cualidad única y privativa de alguno de sus cantaores; pero el «duende» no tiene más misterio que lo que en todo occidente se conoce como *pathos*, o sea, la capacidad patética, en este caso de una entonación y de una voz. Y, ¡lo que son las cosas!, mira por dónde, de cuantos cantaores haya podido yo jamás oír, nadie nunca ha alcanzado ni con mucho el duende absolutamente arrebatador de Édith Piaf.

Si en lo fundamental la afirmación ferlosiana es cierta (el duende se manifiesta donde y cuando quiere, la música es un espacio Schengen que abarca los cinco continentes), conviene hacer algunas matizaciones a otros juicios de valor que nos intenta colar en el párrafo, empaquetados junto a la tesis principal como si fueran accesorios de un lote indivisible.

La pretensión de que sólo los ingleses son capaces de aguantar una sesión folclórica no tiene en cuenta, en primer lugar, a los japoneses, que se han convertido en los más numerosos y entusiastas cultivadores del flamenco allende nuestras fronteras. Además, ¿qué entiende Ferlosio por una *sesión folclórica*? En las cuevas del Sacromonte de Granada se ofrecen a veces a los turistas sesiones de cante y baile que (justo es reconocerlo) acabarían con la afición de Sara Baras, Estrella Morente y Tomatito juntos. Pero no todos los tablaos son de todo a cien e incluso en los espectáculos de mediana calidad, siempre hay al menos un artista (una bailaora, un cantaor, un guitarrista) que eclipsa en talento a los demás y nos hace olvidar la mediocridad del resto. Sé de lo que hablo porque yo mismo he tenido ocasión de comprobarlo en las cuevas granaínas.

Ya el uso del adjetivo *folclórico* para referirse a aquellos espectáculos donde puede asomar el duende resulta malicioso porque la palabra abarata cualquier sustantivo que la acompañe al estar asociada (desde los años 40 del siglo pasado) a la copla o canción española y ésta a su vez al franquismo, que la convirtió en su estandarte sonoro. Dices «folclórico» y lo primero que te viene a la cabeza es Isabel Pantoja paseando con Cachuli por Marbella mientras mascula «dientes, que es lo que les jode», o a lo sumo Rocío Jurado, la gran renovadora del género, suspirando por su José en una entrevista a corazón abierto con Lauren Postigo.

La reflexión de Ferlosio destila además anglofobia por los cuatro costados, como si los ingleses, que tanto y tan bien han hablado de España (desde Gerald Brenan a Raymond Carr) fueran el pueblo más falto de criterio estético de todo el orbe terráqueo.

En la frase de Ferlosio sólo alcanzo a vislumbrar a una piara de británicos hozando en el vertedero de un espectáculo de flamenco plastificado y firmemente convencidos de que están degustando el más genuino caviar musical.

A Ferlosio, sin embargo, le perdonamos todo porque, aunque doy fe de que tiene una oreja enfrente de la otra, me consta (por haberlo tratado durante muchísimos años en familia) que no es totalmente ajeno al escalofrío de placer que produce el quejío de un cantaor en una noche con duende.

Pero no admito que nos venda como intolerablemente altiva la petición de un palmero flamenco cuando pide a la ignara concurrencia que se ahorre las palmas porque nunca acertaría con el compás. Si Fernando Arrabal dijo en aquel delirante programa de televisión lo de «¡hablemos del milenarismo!», yo exclamo ahora, con igual energía pero bastante menos alcohol en el cuerpo: «¡Hablemos del compás flamenco!».

Pondría la mano en el fuego a que el único palo flamenco que ha escuchado en su vida Ferlosio es el fandango de Huelva, y eso porque se lo oyó en Coria (Cáceres) a su hermano Chicho, que lo cantaba a menudo y con mucho gracejo, por cierto. Chicho Sánchez Ferlosio estaba tan entusiasmado con este cante que compuso incluso letras propias de contenido político. Corría el año 1964 y el hermano pequeño de Rafael escribía cosas como ésta para censurar el revisionismo del Partido Comunista de España, traidor a las más férreas esencias de la lucha proletaria (variante marxista-estalinista), ahora tan de capa caída y tan añoradas por algunos:

> PCE,
> adónde vas tú, PCE,
> con tu línea pacifista;
> el hombre que en eso cree
> es un burgués idealista
> de la cabeza a los pies.

Si tu cultura flamenca se limita al fandango de Huelva es normal que te creas que sabes dar palmas donde corresponde y te sientas capaz de ser la estrella de cualquier sarao, cual Ernest Hemingway empapado en sangría tras una sangrienta tarde de toros. Y también es lógico que si lo intentas con cualquier otro palo flamenco, mucho más complicado de acentuación, el palmero profesional te invite a dejar las manos quietas. Pero no porque el flamenco sea de su propiedad y crea que lo estás mancillando con tu payez, sino porque en la seguiriya, la bulería o la soleá los ritmos son diabólicos y como empieces a intentar cuadrar el compás para llevarlo a lo único que conoces, que es el 3/4 del fandango, puedes acabar volviendo loco a todo el cuadro flamenco.

El fandango de Huelva es fácil porque está en ritmo ternario y se acentúa siempre el punto fuerte: *UN, dos, tres / UN, dos, tres / UN, dos, tres / UN, dos, tres...*

Ahora bien, ¿qué pasa si has ido con un grupo de turistas a una cueva del Sacromonte y tus anfitriones están cantando y bailando una soleá? El compás de este palo es de 12 tiempos, con los golpes fuertes en el 3, 6, 8, 10 y 12. De éstos, el 3, 10 y 12 suelen ser especialmente marcados en el cante y en el toque. Si un inglés o un ferlosio cualquiera se encuentra ante un compás de doce tiempos, una fuerza irresistible lo llevará a subdividirlo en cuatro partes de tres tiempos o en tres de cuatro y a acentuar siempre los puntos fuertes porque es lo más fácil para no perderse. Pero los palmeros no están haciendo *UN, dos, tres / UN, dos, tres* como en el fandango de Huelva, sino

un, dos, TRES, cuatro, cinco, SEIS, siete, OCHO, nueve, DIEZ, once, DOCE / un, dos, TRES, cuatro, cinco, SEIS, siete, OCHO, nueve, DIEZ, once, DOCE.

Así es el ritmo infernal de la soleá

La osadía de Ferlosio al pretender que, tras maloír cuatro fandangos chichescos, estaba ya en condiciones para medirse de poder a poder con los gitanos de Casa Patas o de la Zambra María la Canastera merecería un epigrama de castigo a imagen y semejanza del célebre *Saber sin estudiar* de don Leandro Fernández de Moratín

> Admirose Rafael
> al comprobar que en Granada
> la gitana muchachada
> ritmaba mejor que él.
> «Arte diabólica es
> —dijo el autor turulato—,
> yo este cabo no lo ato:
> ¿por qué si lo hace un inglés
> da las palmas al revés
> y aquí las clava un niñato?»

Pero volvamos a Boccherini, a quien hemos dejado totalmente abandonado para poner un poco de orden en los errores apreciativos de mi familia más cercana. El Casa Patas en el Madrid de finales del XVIII era el palacio de los duques de Benavente-Osuna: allí se organizaban unos saraos flamencos donde temblaba el misterio (como habría dicho Javier Pradera, gran aficionado a esta expresión de arcana etimología). La estrella indiscutible de esas orgías folclóricas era un fraile llamado Miguel García y apodado padre Basilio. El Paco de Lucía de la Ilustración española no debía de ser un mero acompañante de cantaores y bailaores, sino un virtuoso del instrumento capaz de embelesar a su aristocrática audiencia con verdaderos recitales en solitario. Siempre me han intrigado esos religiosos españoles con fuego en las entrañas capaces de sublimar la pasión erótica vedada por el dogma vaticano para plasmarla en tórridas falsetas de guitarra (en el caso del cura Basilio) o en frenéticas escalas de clavecín (en el caso del padre Soler, autor de otro célebre fandango culureta del siglo XVIII español).

El duque de Osuna era un buen guitarrista aficionado y bebía los vientos por su «Tomatito del Císter», a quien invitaba con frecuencia a lucirse en inolvidables noches flamencas. Allí te podías cruzar con Manuel Godoy, Francisco de Goya o la duquesa de Alba, por citar algunas de las estrellonas que se dejaban caer asiduamente por palacio. A estas *soirées* asistía puntualmente Luigi Boccherini, que había encontrado en la mujer del duque, María Josefa Pimentel, duodécima condesa de Benavente por cuna y duquesa de Osuna consorte, la mecenas que tanto necesitaba. Y en una de estas fiestas quedó prendado también él del arte excelso del páter, que le inspiró el fandango de mi disco.

Para no dejar cabos sueltos, el italiano decidió incluir el nombre del fraile en este tercer movimiento del quinteto especificando que debía tocarse «a la manera del padre Basilio».

Laudetur Iesus Christus!

26.

RUBATO Y PRESTATO

Le llega el turno ahora al segundo movimiento de la *Sinfonía simple* de Benjamin Britten. Se titula *Playful Pizzicato* [*pizzicato juguetón*] porque, durante los tres minutos que dura la pieza, no se escucha ni un compás de cuerda frotada. Todas la notas hay que darlas pulsando, como en una guitarra, las cuerdas de violines, violas, chelos y contrabajos. Que nadie busque honduras metafísicas en este bienhumorado *scherzo*, compuesto a base de refritos de temas que Britten había escrito en la adolescencia y por los que sentía aún un gran cariño.

En su día dudé entre incluir o no en el disco los valses 1 y 2 de la *Opus 64* de Chopin. Los dos son extraordinariamente populares, aunque antitéticos en carácter y emoción, hasta el punto de que al primero se lo conoce como *Vals del minuto* o del *perrito* mientras que el segundo es claramente un vals triste. Se trata de una de las piezas más melancólicas del polaco y estimé que era necesario insertarlo en este preciso momento del disco porque ya habíamos tenido suficiente jarana con Boccherini y Britten. Había llegado la hora de aguar la fiesta al oyente y recordarle que la vida es un valle de lágrimas.

El vals chopiniano revela una sensibilidad tan delicada y enfermiza (Chopin era un tísico de libro) que enseguida viene a mi mente la escena de *Una terapia peligrosa* donde Robert de Niro le advierte a Billy Crystal: «Doctor, si, como resultado de hablar con usted, me vuelvo marica, lo mataré, ¿queda claro?».

Ya hemos dejado claro en otro capítulo que no existe música gay, ¿pero podría ser la de Chopin la excepción que confirma la regla? ¿Podría uno volverse marica si escuchara demasiado a Chopin? O, llevándolo al terreno de esa primera cena romántica que sirve de pretexto a este libro, si uno dejara caer durante la velada de postureo que su compositor favorito es Chopin, ¿podría ella interpretar que eres marica o que no estás interesado en el sexo?

Hoy en día es facilísimo oír a Chaikovski (que, como ya hemos consignado, sí era gay) sin que nadie lo sepa, pero hasta hace muy pocos años, si querías clásica a la carta tenías que bajar a comprarte el vinilo, y según lo que te llevaras de la tienda, el dependiente podía deducir que te gustaban las ostras o los caracoles. El miedo a que la gente saque conclusiones (correctas o erróneas) acerca de tu orientación sexual infiriéndola a partir de los productos culturales que consumes se conoce como síndrome TiVo. TiVo es un sintonizador/grabador de televisión que, además de permitirte grabar hasta tres programas simultáneamente, te hace recomendaciones personalizadas de lo que él cree que te puede gustar, en función de lo que le has ordenado grabar hasta el momento. Es un mayordomo virtual (enormemente popular en Estados Unidos) que a veces se pasa de listo. Un corresponsal en Washington me contó el caso de un infeliz que había grabado un concurso de culturismo y TiVo dedujo sólo por eso que le podían gustar los hombres. Es como si yo grabase un documental sobre patologías del ego y mi tele infiriese que soy lector de Sánchez Dragó. A partir de ese momento, el TiVo le empezó a enviar recomendaciones de películas y programas gais y el usuario, que no sabía detener aquella máquina infernal, se vio obligado a llamar a la empresa instaladora para que le resetearan el artilugio que así lo había clasificado.

Chopin no era homosexual, era simplemente raro. Es cierto que si hubiera sido gay lo habría tenido que ocultar bajo siete llaves porque el París de la primera mitad del siglo XIX podría ser todo lo mundano que se quiera, pero no daba para darte piquitos con otro hombre en los Jardines de las Tullerías.

La rareza de Chopin obedecía al hecho de que, siendo enfermizamente sensible, tenía que protegerse de las agresiones exteriores como si fuera un niño burbuja. En otras palabras, el sistema psicoinmune del polaco interpretaba como injerencias, agresiones o amenazas reacciones del prójimo que el resto de los mortales no tendríamos problema en ignorar. Eso le hacía ser extremadamente reservado y cuidadoso a la hora de elegir sus amistades o de decidir qué cenáculos eran menos hostiles para su fragilísima persona.

Yo he padecido a novias con la personalidad de Chopin y a veces se me escapaban reacciones y/o comentarios que las anegaban en lágrimas de modo inexplicable. El sentimiento de culpa que provocan las mujeres burbuja es insoportable porque te hacen sentir como un maltratador. Estás todo el día pensando «¡cuidado!, a ver si esto la va a molestar», «ojito a aquello de más allá, no vaya a ser que suelte el trapo». Son un poco como esa neurótica de la película de Isabel Coixet *Cosas que nunca te dije*, que llora junto a la alacena de los Häagen-Dazs porque se ha acabado el Cappuccino Commotion. Un helado no tiene conciencia y no se siente culpable, pero a un hombre le puede destrozar la vida que su pareja rompa a llorar en cuanto no puede atenderla en el más nimio antojo.

Chopin era como esa chica de la película. Podía perfectamente interpretar una frase bienintencionada de un invitado en una fiesta como una agresión directa a su persona y sentir deseos de abandonar de inmediato la casa de su anfitrión. La otra manera que tenía de protegerse era el dandismo. Vestía siempre trajes elegantísimos que para sí los hubiera querido Paco Camps y vivía por encima de sus posibilidades porque le fascinaba el lujo. En las distancias cortas, sin embargo, Chopin podía ser extraordinariamente cálido y cercano. Aunque siempre consideró que la pedagogía musical era una carga que lo distraía de la composición, cuando te cogía como alumno se entregaba a ti en cuerpo y alma, a veces por poco o ningún dinero.

Neurótico obsesivo en el proceso creativo, podía dedicarse un día entero a pulir un solo compás para al final dejarlo como estaba inicialmente. Era patológicamente tímido y, aunque dio bastantes conciertos en su juventud, una vez establecida su reputación como virtuoso rehuyó los grandes auditorios para refugiarse en pequeñas veladas musicales donde podía bajar la guardia y deslumbrar a su círculo de admiradores con despliegues inolvidables de su desbordante imaginación.

No se le conoció otra amante que la escritora George Sand, a la que estuvo unido durante nueve años. El niño burbuja halló en esa mujer extraordinaria una mezcla perfecta de madre amorosa y curtido guardaespaldas capaz de proporcionarle la misma seguridad y protección que Kevin Costner a Whitney Houston en aquella película horrorosa. Dice mucho y bien de la moral chopiniana que el músico aceptara a una mujer tan independiente como Aurore Dupin (tal era el nombre real de la novelista). George Sand se acostaba con quien le daba la gana (tuvo decenas de amantes) y se vestía a veces de hombre para poder circular con más libertad por las calles del París decimonónico. Escribió cerca de 140 novelas. Fue anticlerical, defensora de los derechos de la mujer y partidaria acérrima de una república que apenas pudo disfrutar porque falleció en 1876.

La música de Chopin (y este *Vals en do sostenido menor* no podía ser diferente) está indisolublemente unida a la técnica interpretativa del *rubato*. Es una palabra italiana que significa literalmente «robado», pero el vocablo no responde realmente a lo que pasa en la música cuando se aplica esta manera de interpretar.

Cuando emplea el *rubato*, el pianista no intenta aplicar un tempo homogéneo a toda la pieza, sino que alterna pasajes lentos y rápidos para hacer la frase musical más expresiva, para quitarle automatismo robótico y aproximarla al habla. En la conversación, como en la música de Chopin, nunca escandimos las sílabas a un ritmo invariable, sino que hacemos *rubato* todo el tiempo.

En la música, el *rubato* es posible sin trastocar la pieza en exceso porque el pianista no va contando cada parte del compás, subdividiendo el mismo, sino que se deja llevar por el pulso.

Si un vals tiene tres partes y la primera es fuerte, el intérprete no cuenta UN dos tres / UN dos tres / UN dos tres, sino que sólo tiene en consideración el punto fuerte que determina el pulso de la pieza: UN   UN   UN.

Cuando el *rubato* se aplica bien, el pulso no llega a perderse (uno puede continuar siguiendo el ritmo del vals con el pie), pero sí varía el modo en que están repartidas las partes del compás dentro del mismo.

Frase musical sin rubato:

Chopin empezó a componer los valses en 1824, a los catorce años, y siguió componiéndolos hasta el año de su muerte (1849).

Frase musical con rubato:

Chopin empezó   acomponerlos valsesen 1824, a los catorceañosysi   guiócomponiéndolos hasta el a-   ñodesumuerteen(1849).

Como vemos, el *rubato* debería llamarse en realidad *prestato* porque el tiempo que el pianista roba en algunas partes lo devuelve después en otras y allí se esponja.

Al final, una pieza tocada con *rubato* no tiene por qué durar más que una interpretada *a tempo*. Lo comido por lo servido o, como diría ese humorista de la tele, «las gallinas que entran por las que salen».

La clásica es una música muy refinada llena de exquisitos matices, pero nadie se vuelve gay por saber apreciarlos. Aunque lo cierto es que durante mis años televisivos, que coincidieron con la presentación de un programa diario de música clásica en Sinfo Radio, fui tomado por homosexual en muchas ocasiones. Fui Kevin Kline en aquella magnífica película de Frank Oz llamada *In & Out*.

Pero ésa, como diría Rudyard Kipling, es otra historia.

27.

LA TANGARA ROJINEGRA

El *Cuarteto americano* es la obra más popular de Dvořák tras la *Sinfonía del Nuevo Mundo* y su *Concierto para chelo en la menor*. Si en la partitura de la *Sinfonía número 9* es él mismo quien puso el subtítulo, en el *Cuarteto americano* se limitó a escribir: «La segunda obra compuesta en América». Así pasó a denominarse americano.

El cuarto movimiento, incluido en mi disco, es el más marchoso de los cuatro y algunos aseguran que Dvořák, un gran apasionado del ferrocarril, quiso imitar con música el ritmo de una locomotora de vapor avanzando a todo tren (nunca mejor dicho) por la interminable pradera americana.

A menudo se discute en música o en cine si una obra alegre se corresponde o no con el estado de ánimo del compositor en ese momento. Woody Allen, por ejemplo, dejó claro en una entrevista que cuando se sentía deprimido necesitaba escribir comedias y sólo cuando estaba de buen humor podía permitirse explorar temas angustiosos y dramáticos.

Un caso de libro que nos muestra cómo el estado de ánimo del artista no guarda relación directa con su producción artística es el de Samuel Barber y su celebérrimo *Adagio para cuerdas*. Considerada una de las obras más desgarradoras del repertorio clásico, junto con el Réquiem de Mozart y el final de la *Sinfonía patética* de Chaikovski, fue compuesto en realidad en uno de los momentos de mayor felicidad del músico. Corría el año 1936 y Barber estaba pasando el verano en Italia en compañía del que fue su pareja durante muchos años, el también compositor Gian Carlo Menotti. El propio Barber aclaró que la inspiración para el *Adagio* no le vino de ninguna desgracia personal o ajena, sino de un pasaje de las *Geórgicas* de Virgilio donde el poeta latino describe cómo un pequeño arroyo se va transformando en un gran río. Por eso el *Adagio para cuerdas* tiene forma de arco: va creciendo poco a poco a lo largo de sus nueve minutos de duración y luego se va disolviendo, como si fuera el gran Nilo al formar ese gigantesco delta que se funde con el mar.

En el caso del *Cuarteto americano* nos encontramos con emociones coincidentes. El cuarteto es, en general, de un contagioso optimismo (salvo el melancólico lento del segundo movimiento) y Dvořák se encontraba de un humor excelente. El año anterior había aceptado el puesto (maravillosamente remunerado, por cierto) de director del Conservatorio de Nueva York y al siguiente decidió pasar las vacaciones de verano en la pequeña localidad de Spillville (Iowa). Cuando digo pequeña localidad quiero decir minúscula porque si hoy el pueblo tiene poco más de 300 habitantes, debemos suponer que en 1893 tendría bastantes menos. Pero en su mayoría eran emigrantes checos, lo que hizo que Dvořák se sintiera como en casa. En carta a un amigo le cuenta que sus vacaciones son de maestro de escuela y que se encuentra en la gloria:

Llevo aquí desde el 3 de junio y no regresaré a Nueva York hasta la segunda mitad de septiembre. Los niños han llegado sanos y salvos de Europa y estamos ya todos juntos y muy felices. Nos encanta este sitio y estoy trabajando duro y con el ánimo muy arriba.

Ese buen humor le sirvió al checo para trabajar a un ritmo vertiginoso. En tres días ya tenía el borrador con los cuatro movimientos y quince días después ya tenía la partitura pasada a limpio con el comentario «gracias a Dios, estoy contento, ha sido muy rápido».

Si el dicho es «a la tercera va la vencida», en el caso de Dvořák tuvo que ser a la decimosegunda. Durante décadas había luchado por encontrar un equilibrio entre su desbordante invención melódica y una estructura clara y bien proporcionada. No lo logró hasta el *Cuarteto número 12*, «*Americano*», hoy considerado una obra maestra.

Cuando escribí el cuarteto quise crear algo que fuera a la vez muy melodioso y muy directo y se me apareció Papa Haydn todo el rato, lo que hizo que mi trabajo fuera muy sencillo.

Dvořák es de esos compositores, junto con Chaikovski o Gershwin, con tal cantidad de ideas melódicas bullendo en la cabeza que malamente resisten a la tentación de introducir un nuevo tema antes de haber desarrollado el anterior. Lo podríamos llamar, bulimia temática, y puede conducir a formas musicales poco agraciadas.

En la música del XVIII, y también en mucha del XIX, se considera que una obra tiene proporciones estéticas cuando intenta aproximarse a la razón áurea, una relación matemática específica descubierta por Euclides varios siglos antes de Cristo. Puede darse en la espiral de una concha, en la disposición de los pétalos de una flor o en la distancia del ombligo a los pies de una persona con relación a su altura total (como en el hombre de Vitruvio de Leonardo da Vinci).

Con respecto a un segmento, Euclides afirma que si lo dividimos en dos partes, éstas guardarán una proporción armoniosa si la relación del todo con la parte mayor es igual a la que esa parte guarda con la menor. Es decir:

$$\frac{a+b}{a} = \frac{a}{b}$$

Si el segmento mide 10, cualquier calculadora áurea nos dice al instante que la parte más grande del segmento debe medir 6,18 y la más pequeña 3,82 para que la suma de esos valores partida por 6,18 nos dé el número irracional 1,618 como la división 6,18/3,82.

¿De qué manera se puede aplicar esta regla a una composición musical para que resulte armoniosa según los cánones del clasicismo? A partir de Haydn y Mozart y hasta bien entrado el siglo XX, los compositores empezaron a planificar sus obras mediante una plantilla más o menos flexible llamada *forma sonata*, que divide cualquier movimiento en tres partes: exposición (donde se enuncian las ideas en dos o más tonalidades), desarrollo (donde, como su propio nombre indica, las ideas se desarrollan y se metamorfosean) y recapitulación, donde el material temático vuelve a aparecer en la tonalidad que da nombre a la obra. Si consideramos un *allegro* en forma sonata como un agregado de, por ejemplo 100 compases, una proporción áurea entre las partes se logra haciendo que la suma de desarrollo y recapitulación + exposición (100 compases) dividida por el desarrollo y la recapitulación (62 compases) guarde la misma relación que el desarrollo y la recapitulación (62 compases) divididos por la exposición (38 compases). El número áureo que garantiza la proporcionalidad en cualquier obra de arte no varía nunca, ya tenga la pieza 8 u 80 compases: es 1, 618.

Ahora bien, ¿qué ocurre cuando uno se encapricha de sus propias ideas e introduce demasiadas en una de las partes de la obra? Que el todo se resiente porque sus partes ya no están en proporción. Por eso Dvořák le da las gracias al padre del clasicismo, Joseph Haydn, que se le aparece todo el tiempo durante la composición del *Cuarteto americano* y le recuerda que debe sacrificar su opulencia melódica para que las partes del cuarteto estén en áurea armonía.

Los compositores folcloristas como Dvořák se dividen en folcloristas verdaderos y falsos. Los verdaderos son quienes como Bela Bartók o Manuel de Falla toman prestadas melodías populares ya existentes para reelaborarlas, armonizarlas y orquestarlas según su criterio estético. Los falsos (Dvořák o Antón García Abril) imitan el estilo de las melodías populares, pero inventan el material de partida.

Tanto Bartók como Falla tuvieron problemas con su folclorismo. El húngaro, por ejemplo, usó en varias composiciones melodías transilvanas, pero como Hungría reivindicaba partes del territorio rumano y Transilvania está en Rumanía, el hecho de rendir homenaje al folclore rebelde lo indispuso con las autoridades de su país. Durante la Segunda Guerra Mundial, los sediciosos homenajeados por Bartók recibieron su merecido y el norte de Transilvania fue anexionado a Hungría mediante el Segundo Arbitraje de Viena (1940). La región, donde vivían tanto rumanos como húngaros, había formado parte de Rumanía desde los años 20 y regresó al país de origen tras la guerra gracias al Tratado de París.

Falla, por su parte, estrenó sus hoy ya clásicas *Siete canciones populares españolas* en 1914 tras regresar de Francia. A pesar de ser siete miniaturas maestras, el público del Ateneo de Madrid las recibió con frialdad e incomprensión. Tal vez esperaba de Falla algo más internacional y cosmopolita (pues, al fin y al cabo, venía de triunfar en París) y encontraron las canciones demasiado catetas o, cuando menos, excesivamente pintorescas.

Pero el verdadero artista puede y debe crear una obra de arte universal a partir de un hecho local. Como dejó escrito el periodista Ryszard Kapuściński,

Es importante entender que debemos buscar lo universal en cualquier tema, aquello que revela el mundo entero en una gota de agua. Porque una gota de agua contiene al mundo, pero hay que saber encontrar el mundo en una gota de agua.

Falla lo logró en sus canciones y los que demostraron poco criterio aquel día en el Ateneo, los que no lograron ir más allá de las apariencias, fueron los espectadores madrileños. Se quedaron, por ejemplo, con el hecho indiscutible de que *El Paño moruno* es una canción murciana o que la *Asturiana* está sacada de una antología de cantos populares santanderinos. Lo que convierte la canción en universal (en el sentido kapuscinkiano del término) es el tratamiento que Falla le da a su melodía de partida, con un acompañamiento a base de notas pedal en octavas, un puñado de disonancias y un piano todo el rato en *pianissimo* que evoca la bruma y el orvallo norteños.

Recodaré siempre con especial cariño las *Siete canciones* de Falla porque las interpretó la *mezzosoprano* Teresa Berganza ante un póquer de reyes en el Rijksmuseum de Ámsterdam el día en que yo, como integrante del grupo de música antigua Atrium Musicae, actué de telonero en la sala donde cuelga *La ronda nocturna* de Rembrandt. Fue a finales de los 70 y los reyes de España ofrecían a sus anfitriones, Beatriz de Holanda y el rey consorte Claus von Amsberg, un concierto de música española. Yo estaba tan nervioso que cuando al finalizar el concierto fui a besar la mano de la reina Sofía, le dije: «Encantada [sic] de conocerla, majestad».

Dvořák es un falso folclorista, en el sentido de que sus melodías negras o americanas, incluidas en la *Sinfonía del Nuevo Mundo* o en el *Cuarteto americano*, parecen auténticas pero en realidad son inventadas.

Cualquier escritor que haya estudiado a fondo la lengua del Siglo de Oro podría escribir una novela ambientada en el siglo XXI que pareciese escrita por Cervantes. De hecho, la novela de Eduardo Mendoza *El laberinto de las aceitunas* es un logro en ese sentido. Yo mismo escribí una aventura apócrifa de Sherlock Holmes titulada *La verdadera historia de Sherlock Holmes*. Allí narraba cómo Watson se veía obligado a suplantar a Holmes debido al deterioro mental que éste había sufrido por abusar de la cocaína. El reto era imitar el estilo literario florido y pomposo de Arthur Conan Doyle para crear un relato delirante que pareciera escrito por él. He aquí una muestra:

En la primavera de 1904, la capacidad deductiva de mi amigo Sherlock Holmes se hallaba tan deteriorada, debido a su abuso desmesurado de la cocaína, que tuve que empezar a acudir sistemáticamente en su ayuda para resolver los siempre insólitos casos que le eran confiados. Si estas líneas no estuvieran destinadas a la imprenta, debería puntualizar que mi intervención en casi todas las ocasiones, más que oportuna, resultó providencial. Pero detesto pavonearme en público siempre que la bien ganada reputación de mi amigo corre el peligro de sufrir algún tipo de menoscabo. Sí deseo informar al lector que, para entonces, me hallaba yo tan familiarizado con los métodos detectivescos de Holmes, que me fue relativamente fácil tomar en mis manos las riendas de las investigaciones en que nos vimos envueltos, una vez que me resultó evidente que las facultades deductivas de mi amigo se habían colapsado por completo.

En música también es posible falsificar el folclore si uno conoce el lenguaje en que se expresa cada etnia y Dvořák conocía bien los espirituales negros y los cantos de trabajo de las plantaciones de algodón, gracias a un discípulo suyo, barítono y compositor, que las había cantado para él en Nueva York.

El elemento unificador de todo el cuarteto y también el que permite a Dvořák crear melodías que suenen a canciones nativas del Sur profundo es la escala pentatónica. Al constar de tan sólo cinco notas, cualquier melodía construida sobre esta escala adquiere al instante un aire sencillo y campechano, sin las dobleces ni las sofisticaciones de la gran metrópoli. La escala pentatónica nos acerca a la naturaleza porque es la que cultivan las etnias que viven más en contacto con ella.

Dvořák estaba familiarizado con este tipo de escalas primitivas porque culturas muy diferentes (también los pueblos eslavos) se sirven de ellas para crear sus melodías, de modo que no tuvo problemas en su manejo. La prueba es la velocidad a la que terminó el primer borrador de su cuarteto. La única melodía reconocible del *Americano,* que en realidad es sólo un motivo imitativo, es el canto de la tangara rojinegra, un pajarillo poco más grande que un gorrión que martirizó los oídos del checo durante toda su estancia en Iowa con la irritante insistencia de su canto. De la misma manera que a veces nos libramos de pensamientos obsesivos o culpabilizadores por el método de ponerlos por escrito, Dvořák se sacó al pájaro de la cabeza convirtiendo en notas su piar incesante y despiadado y lo introdujo en el tercer movimiento, en forma de motivo descendente de dos notas confiado al primer violín. O tal vez fue una venganza contra su auditorio: «A mí la tangara me ha estado jodiendo durante todo el verano, pero a vosotros os va a joder el concierto entero».

El cuarto movimiento del *Cuarteto americano* (que el lector habrá de reconocer si llega a sonar en la cena romántica) tiene estructura de rondó. Es decir, hay un estribillo A que regresa cada cierto número de compases alternándose con dos episodios, uno más lírico pero igualmente marchosillo al que llamaremos B y otro (el C) que parece directamente un coral de iglesia y detiene el galope desbocado al que venía la música para sumergirnos durante un par de minutos en un clima casi místico.

28.

ALL THAT JAZZ

Tras un falso folclorista le llega el turno a uno auténtico: Manuel de Falla y la segunda danza más popular de su repertorio. Tras la *Danza ritual del fuego*, la *Danza de la vida breve*.

Está escrita en 3/8 que es como decir a un tempo de vals vertiginoso, sólo que en vez de evocar la casa del capitán Von Trapp, la danza nos traslada de inmediato, con sus escalas y armonías, a la ciudad Granada, que es donde está ambientada esta pequeña ópera en dos actos. Se llama *La vida breve* porque Salud, la heroína de la historia, muere jovencísima infartada de desamor a los pies de su Paco, que la ha traicionado por Carmela. Es curioso que en el libreto de esta ópera aparece ya la hoy omnipresente palabra *casta*. Salud es una gitana pobre que se ha enamorado de un señorito andaluz que la engaña con una muchacha más rica, con la que finalmente se acaba casando. El único que está al cabo de la calle es el tío Sarvaor, quien advierte a su sobrina que Paco «está comprometío con una de su clase y de su casta, ¡una niña bastante guapa y además mu rica!».

Invito al lector a experimentar en esta pieza la diferencia entre *pulso* y *compás*.

El compás es una entidad métrica compuesta de partes fuertes y débiles, como los pies de un poema griego o latino o como los versos de un soneto de Shakespeare.

En el 3/4 del vals hay una nota acentuada en la primera parte del compás seguida de dos notas sin acentuar, como si fuera una retahíla de esdrújulas. Por ejemplo, en «último número cuántico», cada palabra sería un compás de 3/4 donde marcamos la sílaba acentuada, pero pronunciamos también (acortándolas, como en *staccato*) las dos sílabas no acentuadas. En métrica, el pie esdrújulo recibe el nombre de dáctilo por la analogía entre las tres falanges del dedo con las tres sílabas del pie: una sílaba/falange larga seguida por dos cortas.

En música, cuando esdrujuleamos en el 3/4 decimos que estamos subdividiendo el compás porque, aunque hay una parte fuerte, también existen en nuestra mente dos débiles: UN, *dos*, *tres* / UN, *dos*, *tres*.

En cambio, el 3/8 de Falla, tan ternario como el 3/4, va tan ligero que sólo hay un pulso cada tres. Es decir, al seguir el ritmo con el pie vamos dando un solo golpe por compás (*UN, UN, UN*) como si cada punto fuerte del 3/8 fuera una cama elástica sobre la que rebotamos para caer en la siguiente.

Resulta muy ilustrativo del trato que recibe la música en España que Falla terminase la ópera en 1905, pero no lograra estrenarla. En 1913 se fue a París y allí la estrenó con gran éxito. Al estallar la Primera Guerra Mundial, Falla regresa a Madrid, estrena las *Siete canciones populares españolas* y encuentra de nuevo frialdad entre el público, que se esperaba algo más afrancesado. ¡No había manera de que los españoles reconocieran la grandeza de este auténtico genio de la música, hoy más «marca España» que todos los bisbales, palomasanbasilios y enriqueiglesias juntos!

Descubrí el *Preludio número 2* para piano de George Gershwin cuando se lo oí tocar a la pianista Rosa Torres-Pardo, que me regaló la partitura para que intentara tocarlo. A pesar de que no es una obra muy difícil, no pasé de la primera parte (el *Preludio* tiene estructura ABA). El compositor dijo de esta pieza que era una especie de canción de cuna bluesera.

El *Preludio para piano número 2* nos da pie para hablar de una de las notas más importantes de la historia de la música: la *blue note* o nota bemolizada, que caracteriza la sonoridad del blues y del jazz. Si la escala de do mayor tiene siete notas, para darle un toque *bluesy* o *jazzy* tendremos que bajar un semitono las notas tercera, quinta y séptima (bemolizarlas) de tal forma que, en lugar de do, re, mi, fa, sol, la, si, obtendremos do, re, mib, fa, solb, la, sib.

Lo interesante del blues y del jazz, y por lo tanto de toda la música de Gershwin, es que las notas se bemolizan sólo en la melodía, mientras que los acordes que las acompañan en la mano izquierda de piano permanecen inalterados, construidos sobre la escala mayor. Eso produce disonancias entre algunas notas porque dos semitonos contiguos tocados a la vez (dos teclas adyacentes del piano) suenan tan estridentes como el claxon de un coche. En la música de Gershwin, el mi bemol de la escala choca frontalmente contra el mi natural del acorde, el sol bemol contra el sol natural y el si bemol contra el si natural. Pero el jazz y el blues, también el piano y la guitarra, necesitan que estén presentes en la pieza ambos sonidos a la vez. ¿Por qué?

Ambas músicas son duales o ambiguas tonalmente (son mayores y menores a la vez), porque buscan una nota que no existe en la escala occidental, que es el cuarto de tono, presente en cambio en las culturas africanas, de donde viene la música negra. Hay un dicho muy común, que se usa con frecuencia como símil en el debate político, que es que una mujer no puede estar un poco embarazada: o lo está o no lo está. En las notas de la guitarra y el piano ocurre lo mismo. Una nota no puede ser «un poco» mi bemol. O es mi bemol o es mi natural porque guitarra y piano son instrumentos temperados o, lo que es lo mismo, preafinados o, lo que es lo mismo, digitales.

En un reloj analógico, la manecilla larga que marca, por ejemplo, las 12 menos 1 minuto se va aproximando a la corta a lo largo de un agónico minuto. Cada vez son más las 12 en punto, hasta que lo son del todo. Un cantante o un clarinetista pueden hacer eso con cualquier nota: acercarla a un valor exacto pero sin que sea exacto del todo, cosa que ocurre, como digo en las melodías de muchos pueblos africanos. Estas notas a mitad de camino entre las 12 menos 1 minuto y las 12 en punto son los cuartos de tono. En el piano y la guitarra, el cuarto de tono en el tercer peldaño de la escala musical estaría entre el mi bemol y el mi natural, y por eso el músico de jazz da las dos notas a la vez. Es lo que más cerca le hace sentirse del continente del que es originario.

La reflexión sobre la *blue note* suscita una pregunta más importante todavía. ¿Por qué debemos preafinar un piano? Muy sencillo: porque si hubiera que darle la posibilidad al pianista de tener cuartos de tonos en el teclado, el número de teclas sería inabarcable. Para convertir el piano en un instrumento práctico, los músicos y afinadores decidieron, a partir del Barroco, dividir la escala en doce partes iguales, sacrificando los matices que obtendríamos si hubiera veinte, treinta o cuarenta teclas por octava.

Este pragmatismo occidental, que busca la eficacia en aras de la expresividad, lo encontramos también, por ejemplo, en la caligrafía. A un niño en un colegio español se le enseña que la unidad más pequeña de la escritura es la letra. En cambio, un niño chino, coreano o japonés aprende que la «letra» (en realidad un pictograma o sinograma) se subdivide a su vez en trazos, las líneas que se hacen sin levantar el pincel del papel. En el *shodo* japonés, una materia que se enseña en primaria a los nipones, hay al menos seis trazos esenciales: punto, vertical, horizontal, derecha, izquierda y arriba.

Volvamos a Gershwin y al jazz. La única razón por la que no podemos afirmar del todo que George Gerswin era un músico de jazz es porque su música está escrita sobre papel pautado y hay que tocarla por tanto en el modo preciso en que él lo ha dispuesto. Por eso Leonard Bernstein, otro gran cultivador del género, habla siempre de que la música clásica no es sinónimo de música culta o de música que ha sorteado la criba del tiempo, sino de *música exacta*: las partituras de los clásicos no sólo contienen las notas que hay que tocar, sino las instrucciones, a veces muy minuciosas, de cómo hay que tocarlas. La evolución de la música occidental desde el canto gregoriano hasta Stravinski no pasa únicamente por la creciente complejidad de la armonía y de las formas musicales. Es también el camino del compositor hacia un control cada vez más férreo sobre el intérprete, que es el mediador entre su obra y el público. Una cantiga de Alfonso X el Sabio consta sólo de una melodía y de un texto, con lo que el intérprete se siente en libertad de ejecutarla con los instrumentos que le venga en gana y al *tempo* que quiera; mientras que un *lied* de Richard Strauss contiene instrucciones tan detalladas que pueden resultar agobiantes. De hecho, no hay intérprete que sea capaz de obedecer todas y cada una de las órdenes que le da el compositor a través de la partitura; siempre ignora al menos una para no sentirse un simple autómata. Y también porque la transgresión siempre genera adrenalina.

El músico de jazz no funciona con esa camisa de fuerza, es un improvisador nato. De hecho, no necesita que la pieza sobre la que improvisa sea jazz propiamente dicho, le sirve hasta una canción de Julie Andrews, como demostró el saxofonista John Coltrane cuando jazzificó *My Favorite Things*, la canción estrella de *Sonrisas y lágrimas*. Para un músico de jazz, un tema no es una melodía: es una progresión de acordes, un bucle armónico que se repite cada equis compases, sobre el que va trenzando ideas rítmicas y melódicas. Ése es su único corsé, el ciclo inmutable de acordes característico de cada canción. Eso lo limita y le da alas al mismo tiempo porque si no hubiera un mínimo común denominador se vería imposibilitado, entre otras cosas, para tocar con otros músicos. Cuando varios se juntan para improvisar sobre un ciclo de acordes, estamos ante una *jam sesión* donde que se crea contrapunto accidental a dos, tres o más voces. El ejemplo más ilustrativo de esta manera de hacer música es el *dixieland*, la modalidad de jazz que practicaban los blancos a comienzos del siglo pasado.

La otra manera de convertir la música en jazz es a través del ritmo, más concretamente de la síncopa o contratiempo. El jazz es música sincopada porque acentúa las partes débiles del compás y/o crea silencios en las partes fuertes del mismo. El objetivo es convertir la música en menos previsible y también en menos bailable porque todo tema que tenga los acentos descolocados es imposible de seguir en una pista de baile.

Los negros de Nueva Orleans no tenían ninguna intención de crear música frívola de acompañamiento para parejas de baile: lo que querían era ser escuchados.

29.

LA CABEZA DE HAYDN

Para mi disco dudé bastante entre el *andante cantabile* del *Cuarteto número 5 en fa mayor*, también llamado *Serenata*, o el segundo movimiento del *Cuarteto número 62*, «*Emperador*», que es la música del himno alemán. Al final me decanté por el primero por pura ignorancia: no sabía lo importante que llegó a ser para Haydn esta música y también ignoraba que fue el himno el que se transformó más tarde en adagio de cuarteto y no al revés. Siempre había pensado que la música del *Deutschland Über Alles* era una adaptación hecha a posteriori por otro músico a partir del mencionado cuarteto de cuerda.

Pero lo más importante acerca de la *Serenata* y de por qué jamás debería haber figurado en esta recopilación se lo revelaré al lector algunos párrafos más adelante.

Haydn hizo su primer viaje a Gran Bretaña a los 55 años (¡la primera vez que veía el mar!) y volvió entusiasmado por el modo como *God Save the King* encendía de fervor patriótico los corazones de los súbditos de su graciosa majestad.

A mí los himnos siempre me han parecido bastante absurdos. Eso de que tengas que sentir la patria porque alguien toca una música es tan arbitrario como tener que estar contento porque llega la Navidad. Los himnos que emocionan (el ruso, el francés y, desde luego, el alemán) lo hacen porque la música es buena, no porque sean de tu país. De hecho, yo me enciendo más con el *Cara al sol* que con el himno español porque musicalmente el himno de Falange le da cien vueltas a la *Marcha real*.

Para demostrar que no hay nada intrínsecamente patriótico en ningún himno examinemos el origen del británico. La música la compuso un italiano, Giovanni Battista Lulli, que al pasar a Francia para servir en la corte del Rey Sol se cambió el nombre a Jean Baptiste Lully. Ya nacionalizado francés, Lully compuso en Versalles una música para celebrar que Luis XIV se había curado por fin de una molestísima fístula anal (¡es cierto!) y esa melodía llegó luego a oídos de un alemán llamado Georg Friedrich Händel, que a su vez la adaptó al inglés para convertirla en himno oficial. Es decir, los británicos se sienten más británicos cuando oyen una música ¡escrita por un italiano nacionalizado francés adaptada por un alemán al inglés!

Haydn opinaba que el Imperio Austriaco debía tener una música que rivalizara en pomposidad y grandeza con el *national anthem* británico, así que se puso de acuerdo con un poeta local y así nació el *Gott erhalte Franz den Kaiser* [Dios salve al emperador Francisco]. Como ha ocurrido en otras ocasiones con obras del padre de la sinfonía, también en el caso del *Himno del emperador* los musicólogos se preguntan de dónde sacó el compositor la melodía. La hipótesis de que los primeros compases están basados en una canción popular croata no está del todo descartada, pero otros estudiosos sostienen que bien pudo ocurrir lo contrario. Lo explican mediante la «teoría de la tradición invertida», una idea digna de ser incluida en este libro.

Imaginemos un palacio de 126 habitaciones en mitad de la nada; peor aún, en mitad de una llanura pantanosa e insalubre a orillas del lago Neusiedl, a pocos kilómetros de la frontera austrohúngara. Lo llamaremos Esterhaza porque es la residencia de verano de los príncipes de Esterházy, terratenientes magiares que llevan acumulando un obsceno patrimonio desde la Edad Media. Haydn presta sus inapreciables servicios en esa mansión, una especie de Versalles a la húngara, desde 1761, cuando el príncipe Paul Anton le ofrece ser el director musical de la Casa Esterházy. Solamente sus aposentos ocupan cuatro habitaciones de un edificio de dos plantas (completamente separado de palacio) donde moran los sirvientes. Da una idea de las dimensiones de Esterhaza el hecho de que dispusiese de dos teatros de ópera y uno de marionetas y da otra idea de la frenética actividad musical que había en palacio el dato de que en esos teatros se llegasen a ofrecer cien conciertos al año. Haydn no tiene tiempo para aburrirse porque su ritmo de trabajo es extenuante, aunque añora mucho a sus amigos de Viena (que está sólo a 40 kilómetros, pero parece estar a 400) y, naturalmente, la compañía femenina, que es casi inencontrable en aquel páramo. El matrimonio de Haydn ha acabado pronto y mal porque se equivocó en la elección y contrajo nupcias con una bruja que le desgarraba las partituras para hacerse con ellas bigudíes de papel pautado.

Ahora imaginemos que, como ocurre en toda residencia de verano, en Esterhaza se vive día y noche con las ventanas abiertas de par en par: por ellas escapan como un perfume sutil pero irresistible las dieciochescas melodías de Haydn. Cualquiera que haya tenido que soportar verbenas populares durante las vacaciones de verano sabe lo lejos que pueden llegar los sonidos de una banda o de una orquesta. Si la acústica es favorable, una melodía puede oírse a kilómetros de distancia. La teoría de la tradición invertida sostiene que no es Haydn quien al escuchar cantar a los campesinos aprovecha esas tonadas para sus sinfonías y cuartetos, sino que son los campesinos los que escuchan a todas horas la música que proviene de palacio y empiezan a tararearlas en casa e incluso a ponerles letra.

Hay dos indicios que convierten en verosímil la teoría descrita; el primero, el hecho de que las melodías de Haydn, que parecen inspiradas en el folclore campesino, se parecen al tema original sobre todo en los primeros compases, mientras que empiezan a apartarse de él a medida que la música avanza. Esto puede significar que los aldeanos retienen en el oído la parte más pegadiza de la composición, el tema, que va siempre al principio y luego se inventan el resto cuando la música empieza a volverse más complicada de memorizar.

El otro hecho que refuerza la tesis de la tradición invertida es que en el oratorio *Las cuatro estaciones,* Haydn saca a un rústico silbando un tema de su *Sinfonía de la sorpresa.* Es cierto que puede haber sido una simple broma ya que el músico era muy aficionado a ellas, pero también puede significar que Haydn era muy consciente de que su música se escuchaba a muchos kilómetros a la redonda y que, en las aldeas de alrededor, sus melodías eran tan populares como puedan serlo ahora los éxitos de Kiss FM.

Pero volvamos a la melodía del austriaco que se convirtió a partir de la República de Weimar en la música del himno alemán. Haydn estaba tan encantado con ella (no es para menos) que le sirvió de consuelo durante sus últimas semanas de vida. Uno de sus criados dejó escrito que el venerable anciano se sentaba al piano las tardes previas a su fallecimiento, para tocarla con gran emoción y sentimiento y que con toda seguridad fue la última música que llegó a interpretar y a escuchar. De modo que yo, que hasta ahora sólo era capaz de ver a Beckenbauer (apodado el Káiser) posando con la selección alemana cada vez que escuchaba la *Himno del emperador,* no puedo dejar de ver ahora (desde que me enteré de la tierna historia que acabo de relatar) a uno de los más grandes músicos de todos los tiempos, sentado junto al piano en su sillita de ruedas (Haydn era de complexión menuda), aplacando la ansiedad de la muerte mediante el poder balsámico de su inolvidable melodía.

Aunque el tema de la serenata del *Cuarteto número 5* es también delicioso, nunca debería haber figurado en mi recopilación por la sencilla razón de que es un *fake.* Ni la *Serenata* ni el *Cuarteto* entero son de Haydn. Voy más allá: ninguno de los seis cuartetos de la *Opus 3* de Haydn es de Haydn. El descubrimiento de esta falsificación fue hecho en los años 60 por dos musicólogos británicos que establecieron, más allá de toda duda razonable, que los cuartetos son obra de un alemán llamado Roman Hoffsteter. Este monje benedictino admiraba a Haydn hasta el extremo de la clonación. Él mismo reconoció por escrito que «todo cuanto sale de la pluma de Haydn me parece tan hermoso y permanece en mi memoria de manera tan indeleble que no puedo evitar, de vez en cuando, imitar su arte lo mejor que puedo».

A nadie se le escapa que Haydn no es un músico excesivamente popular. Dices «Mozart» y a todo el mundo le viene a la cabeza algún politono de móvil: desde la *Sinfonía número 40* hasta la *Pequeña música nocturna*. Dices «Haydn» y a la gente le cuesta incluso pronunciar su nombre.

El austriaco es más un «músico de músicos» que un músico de público. Mozart, que lo eclipsó, reverenciaba a Haydn. Brahms llegó a componer durante su juventud con el cráneo del músico sobre su mesa. Si Haydn no es hoy un compositor de politono no es por falta de talento, sino porque siempre fue un compositor motívico, no melódico. Sus sinfonías y cuartetos se desarrollan a partir de reducidas células temáticas, demasiado pequeñas como para ser silbadas por un taxista cuando las oye por la radio. Además de un concienzudo conocedor de su oficio, Haydn fue un compositor profundamente original, lo cual se debe en parte al profundo aislamiento artístico al que se vio sometido durante cerca de treinta años en Esterhaza. Según sus propias palabras, «estaba aislado del resto del mundo, no había nadie cerca para confundirme o atormentarme, por lo que estaba obligado a ser original». *Mutatis mutandis*, a Beethoven le ocurrió algo parecido debido a su sordera. A partir de un determinado momento, cuando ésta se convirtió en una minusvalía de casi el 100 %, Beethoven no podría haberse dejado influir por modas y artistas foráneos ni aunque lo hubiera querido. Por eso, para nuestro manual de postureo, siempre viste más decir que te gusta más Haydn que Mozart: «Mozart es para el populacho. Los que entendemos de música preferimos a Haydn».

La manera de componer de Haydn se entiende mejor si hacemos énfasis en aquello que no hacía, en comparación con Mozart y Beethoven, ambos discípulos suyos. Si éstos cultivaban un estilo muy operístico en sus sonatas, con temas muy contrastantes, Haydn se inclinó más bien por la exposición monotemática: hay una melodía en la tónica y, a continuación, otra en la dominante, pero son casi indistinguibles una de otra. Haydn, evolucionando a su bola en la soledad de la llanura austrohúngara, llegó también a una forma de recapitulación del material de partida en la que las melodías aparecían dispuestas en orden diferente respecto al comienzo y en la que la música seguía desarrollándose hasta la doble barra final de compás. Como nunca fue un Mozart ni un Mendelssohn, que parecían escribir al dictado de las musas sin esfuerzo intelectual aparente, Haydn tuvo que compensar su falta de inspiración espontánea con largas horas de estudio, que lo llevaron a un íntimo conocimiento de técnicas musicales enrevesadas, como la fuga, presente a menudo a sus composiciones.

Si no el inventor, podemos considerarlo uno de los pioneros de la variación doble, en la que el oyente va escuchando, en sucesión alternada, variaciones sobre dos temas diferentes, unas en modo mayor (alegre) y otras en modo menor (triste o melancólico).

Es frecuente leer en las enciclopedias que los eruditos se refieren a Haydn como el padre del cuarteto de cuerda. ¿Por qué el cuarteto no había nacido antes? ¿Por qué esta forma musical es hija de la Ilustración? La música tiene a veces el poder de anunciar en qué dirección se va a mover la sociedad, es una anticipadora de hechos sociales y así lo ha demostrado en numerosas ocasiones. A menudo se dice que los animales poseen sensores especiales que los facultan para predecir terremotos. En 1975, por ejemplo, las autoridades chinas dieron orden de evacuar la ciudad de Haicheng tras observar que los perros de esa ciudad se comportaban de manera extraña. Se salvaron así más de 150.000 personas.

Al hablar de Shostakóvich en el capítulo sobre el poder de la música omití mencionar una tesis estremecedora, defendida por el director de orquesta Valeri Guerguiev. Según el maestro, Shostakóvich poseía unas «antenas mentales» orientadas hacia el futuro, que le hicieron presentir, en forma de angustiosos pasajes musicales, el túnel del terror estalinista que estaba por venir. Cuando Shostakóvich estaba a punto de estrenar, por ejemplo, la *Cuarta sinfonía*, cargada de tenebrosas sonoridades, su círculo de amigos y familiares vio tan evidente la conexión entre la música y el régimen tiránico de Stalin que él mismo optó, como medida cautelar, por cancelar su estreno. Las antenas musicales también funcionan en sentido inverso. *La valse*, de Maurice Ravel, un ballet compuesto para Diáguilev en 1919, refleja con sus macabros pasajes, la desintegración moral y social de la Europa surgida tras la Primera Guerra Mundial, un engendro político tan frágil que alumbró, ya en 1921, el Partido Nazi responsable de haber arrastrado a media humanidad a la Segunda Guerra Mundial.

Durante la época del absolutismo, el género rey fue el concierto barroco de estructura autocrática. Hay un instrumento solista (a lo sumo dos o tres), que lleva la voz cantante, y el *ripieno* de la orquesta sirve de cortesana alfombra roja musical. El cuarteto de cuerda, donde cuatro instrumentos dialogan en igualdad de condiciones a lo largo de cuatro movimientos, anuncia en cambio los trastornos sociales que habrían de cristalizar tras el estallido de las revoluciones burguesas. El *Concierto para violín y orquesta* de J. S. Bach es Federico el Grande de Prusia. El

Cuarteto emperador, aunque esté dedicado al káiser, es ya la Revolución de 1848 y la destitución de Metternich.

Haydn resulta un personaje extraordinariamente atractivo para el degustador de música clásica también por dos razones extramusicales. La primera es un sentimiento de gran empatía hacia el Haydn niño, ignominiosamente maltratado durante la infancia. Mozart fue explotado por su padre Leopoldo y obligado a recorrer miles y miles de kilómetros cuando no era más que un crío y Beethoven tampoco lo pasó de maravilla con un padre alcohólico, que lo obligaba a tocar durante horas y horas para tratar de convertirlo en el niño prodigio que nunca llegó a ser. Pero el maltrato a Haydn en la infancia supera todos los récords. De hecho, su único recuerdo bueno es hasta los seis años, cuando aún vive con sus padres, a los que oye tocar y cantar regularmente en casa, a la caída de la tarde, en su único momento de asueto tras un agotador día de trabajo. Cuando éstos se dan cuenta de que la criatura tiene talento musical, lo envían a casa de un familiar que podía enseñarle el oficio y allí Haydn empieza a pasar hambre a diario, un hambre acompañada de un sentimiento de vejación continuo al tener que vestir durante semanas los mismos apestosos andrajos.

Un ojeador de la Catedral de San Esteban (Viena) que andaba buscando voces blancas para el coro se lo lleva a la capital y allí continúa sufriendo hambre y penurias, que los curas infligían a los niños para «animarlos» a que se buscaran la vida en las casas de los nobles, donde a menudo se servía un refrigerio al final de los conciertos privados. Cuando en la adolescencia le cambia la voz, empieza a emitir unos gallos tan desagradables que la mismísima emperatriz María Teresa I de Austria, madre de la luego decapitada Maroa Antonieta, se queja al director musical de la catedral por tener en nómina a un zangolotino, que «en vez de en entonar, grazna». Tras esta queja imperial,

Haydn entra ya en su particular corredor de la muerte canoro hasta que es puesto de patitas en la calle por gastarle una broma a un compañero del coro, a quien corta la coleta en plena actuación. Con 17 años, Haydn se ve solo, sin familia ni apoyo económico de ningún tipo en medio de las frías calles de Viena.

Como no había recibido una metódica educación musical, tuvo que aprender el oficio de compositor de manera autodidacta, leyendo los tratados de la época, hasta que se cruzó en su camino el italiano Nicola Porpora, que según reconoció el propio Haydn, le enseñó los principios fundamentales de la composición.

La segunda razón que convierte a Haydn en lo que hoy llamaríamos un *crack* es su contagioso sentido del humor. A pesar de haber tenido una infancia muy desgraciada, o tal vez precisamente a causa de ello, Haydn descolló hasta el fin de sus días por un humor extraordinario, que desplegaba tanto en el trato con sus semejantes como en el tratamiento del material compositivo. Su broma musical más célebre es la que introdujo en el *andante* de la segunda de sus sinfonías londinenses: un *fortissimo* de toda la orquesta (al final de una delicada frase) que, sin venir a cuento, sacude con un susto morrocotudo a un auditorio que venía meciéndose a lo largo de los quince compases anteriores.

Un biógrafo de Haydn llegó a preguntarle si la sorpresa del compás dieciséis estaba destinada a tomarle el pelo a un público demasiado propenso a dormitar durante los conciertos. El músico respondió que más que sacudir al auditorio de su modorra, su pretensión había sido introducir un golpe de efecto, una provocación sonora que le hiciera sobresalir por encima de su exalumno y rival Ignaz Pleyel, triunfador en un concierto en Londres la semana anterior. La provocación le proporcionó a Haydn el resultado apetecido hasta el punto de que el propio

Pleyel se acercó a felicitarlo tanto por la sinfonía como por la sorpresa que encerraba en el segundo movimiento.

Pero el buen humor de Haydn no era sólo el del cuentachistes o el del gastabromas. Allí donde estaba Haydn solía haber buen rollo entre los músicos porque el maestro los defendía siempre frente a los abusos principescos, con la convicción y la energía de un líder sindical... del siglo XVIII.

Corría el verano de 1772. La corte del príncipe Nikolaus había demorado su estancia más semanas de la cuenta en la residencia de verano de Esterhaza (quizá debido al buen tiempo) y los músicos, que habían dejado en el cercano pueblo de Eisenstadt (donde estaba el otro gran palacio de casa magiar) a sus mujeres y niños, empezaban a impacientarse. ¿Cómo trasladarle la petición al príncipe sin parecer Cándido Méndez enfrentándose a la patronal en un Primero de Mayo? Haydn decidió decírselo sutilmente mediante el humor. En el último movimiento de la *Sinfonía número 45*, la partitura establece que cada músico de la orquesta, por turno, debe en un momento dado dejar de tocar, apagar la vela con la que ilumina su partitura y abandonar el escenario. Al final del adagio, sólo quedan en pie dos violines con sordina, que en el aquel interminable verano de 1772 tocaron el propio Haydn y el primer violín, un italiano de gran talento llamado Luigi Tomasini. El príncipe Esterházy captó la insinuación y la corte entera regresó a Einsenstádt al día siguiente del concierto.

No debo pasar a comentar la siguiente pieza del disco sin contarle al lector cómo demonios llegó a parar el cráneo de Joseph Haydn a la mesa de trabajo de Johannes Brahms.

Aunque Haydn fue enterrado en Viena, los Esterházy ordenaron, más de una década después, que el cuerpo fuera trasladado a Einsenstadt, donde esta familia de riquísimos terratenientes poseía un soberbio palacio. El príncipe montó en cólera cuando fue informado de que al cuerpo de Haydn le faltaba la cabeza y sospechó inmediatamente que los ladrones no podían ser otros que dos amigos del compositor, apasionados por la frenología. Era ésta una seudociencia muy de moda en el siglo XIX según la cual es posible determinar el carácter y las inclinaciones de una persona analizando las protuberancias del cráneo. Los dos charlatanes habían sobornado al sepulturero, a los cinco días del fallecimiento de Haydn, y uno de ellos llegó a afirmar que, efectivamente, había hallado la protuberancia musical en el cráneo del compositor. Cuando el príncipe Esterházy alertó a la policía, ésta llevó a cabo un registro minucioso en el domicilio del frenólogo que tenía el cráneo en su poder y no logró hallarlo. Su mujer lo había escondido debajo del colchón de su cama y luego se había acostado alegando que sufría una menstruación muy fuerte. Los agentes no se atrevieron a levantarla de la cama.

Tras pagar por la cabeza de Haydn, a Esterházy le fue entregado un cráneo falso que enterró encajándolo en el esqueleto que había en Eisenstadt. El verdadero cráneo tuvo varios propietarios a lo largo de 150 años y uno de ellos se lo pudo prestar a Brahms para que le sirviera de inspiración mientras escribía las *Variaciones sobre un tema de Haydn*. Por fin, en 1954, la Sociedad de Amigos de la Música de Viena, donde había acabado la cabeza, la entregó a la iglesia de Berg, donde yacía el cuerpo. La cabeza falsa no fue desencajada, de manera que la sepultura de Haydn en Eisenstadt debe de ser la única en el mundo que alberga un esqueleto con un dúo calavera.

30.
OPERACIÓN ÓPERA

Por más desgraciada que fuera la infancia de Haydn, podríamos afirmar que tuvo suerte de no haber nacido en Italia, que fue durante los siglos XVII, XVIII y una parte del XIX la gran suministradora de *castrati* a Europa entera.

De haber nacido en el pueblecito de Andria, en la Apulia (la provincia que forma la bota del tacón de la península), Haydn (como Farinelli) habría sido castrado por sus padres antes de la pubertad y enviado a Nápoles para recibir clases particulares con Nicola Porpora, el músico del que fue luego asistente y del que aprendió los principios fundamentales de la composición. Castrar al hijo dotado para la música era la manera en que las familias más pobres intentaban asegurarse un sustento de por vida. La idea era que el hijo mutilado, una vez rico y famoso, enviara a casa parte de los dividendos conseguidos en los teatros de ópera de media Europa. La pregunta que nos hacemos todos desde la mentalidad del siglo XXI es ésta: ¿cómo tendrían valor los padres castradores para encima pedir dinero al castrado?

Antes de entrar en los detalles escabrosos de la castración, en los que siempre me gusta recrearme por malsana provocación, aclararé qué es un *castrato*. Las cuerdas vocales de un niño son más pequeñas que las de una mujer y aún más que las de un varón. Si castras a un niño antes de que cambie la voz, impides que la testosterona desarrolle sus caracteres sexuales secundarios, por lo que la longitud de sus cuerdas vocales no variará. En cambio su caja de resonancia (cara y pecho) y, desde luego, la capacidad de sus pulmones serán las de un adulto, por lo que el castrato podrá, durante el resto de su vida, cantar en el registro agudo de un tierno infante, pero con la potencia sonora de un Plácido Domingo o de un Pavarotti. Pero incluso en el siglo XVIII había un pequeño problema ético: si querías castrar a tu hijo para convertirlo en estrella de la ópera, obviamente no podías pedirle permiso. La Iglesia Católica prohibía de modo tajante en sus textos sagrados cualquier forma de mutilación del cuerpo humano e incluso preveía la excomunión para cualquier hereje que se saltara esta disposición; pero mantenía una doble moral porque necesitaba a los *castrati* más que ninguna otra corte europea.

A finales del siglo XVI, el papa Sixto V, movido por un ataque de fanatismo misógino contrarreformista, proclamó con un latinajo, al que dio forma de edicto, que las mujeres no podían cantar en la Iglesia: «Mulieres in ecclesiis taceant: non enim permittitur eis loqui». El título del edicto lo sacó de una carta de san Pablo a los Corintios y nosotros lo repescamos gustosos para este libro porque una frase en latín, soltada a tiempo en la cena romántica de postureo, puede abrirnos de par en par las puertas del cielo.

Una vez proscritas las mujeres, el papa emitió una bula, también en latín, *Cum pro nostro pastorali munere* [para cumplir nuestro deber pastoral] por la que se reorganizaron los dos coros de San Pedro (Cappella Giulia y Cappella Sistina) al objeto de incluir *castrati*. Con ellos, la curia pudo prescindir totalmente tanto de niños prepúberes (que cambiaban pronto la melodiosa voz a estridente graznido) como de falsetistas, varones adultos que cantan a la octava aguda, cuya voz era más débil y menos fiable. La razón de que los falsetistas sean menos seguros en la afinación y en la gradación de la dinámica es que emplean una técnica para cantar que consiste en usar sólo el exterior de las cuerdas vocales. Éstas permanecen abiertas todo el rato, con lo cual dejan escapar mucho aire y el cantante se queda pronto sin resuello. Cualquiera de nosotros puede hablar o cantar en falsete y, aunque no lo haga de un modo consciente, empleará sólo los bordes de las cuerdas vocales omitiendo la nota fundamental en favor del armónico de octava.

Los expertos han calculado que, durante la época de mayor esplendor de los *castrati*, en Italia se mutilaban 4000 niños al año, y que a lo largo del periodo en que estuvo vigente esta despiadada práctica, alentada por el Vaticano de manera subrepticia, más de 100 000 imberbes perdieron sus atributos masculinos por decisión de sus padres. Contemplar las herramientas con que se llevaba a cabo la operación resulta espeluznante. Se practicaban dos técnicas diferentes, la *soft* y la *heavy*. La *soft* consistía en practicarle, con una navajita, una incisión inguinal a la criatura para seccionarle los conductos deferentes, que son los tubos que conectan los testículos con la próstata. La técnica *heavy* o «por las bravas» consistía en cortar el escroto entero con unas tijeritas de podar. La operación era tan salvaje que los médicos solían negarse a practicarla, por lo que había que recurrir a los veterinarios. Si la criatura no moría desangrada, podía fallecer también por una intoxicación de láudano, que era el anestésico más empleado en las operaciones quirúrgicas. La guinda era la cauterización de la herida con un hierro al rojo vivo.

Una vez castrado, venía la parte artísticamente más difícil: el entrenamiento canoro del pequeño artista. Nicola Porpora, maestro de composición de Haydn, fue el profesor de canto más solicitado de Europa y de su factoría salieron las grandes estrellas de la ópera del siglo XVIII: Caffarelli, Farinelli y Senesino. Como Porpora era también compositor, Farinelli llegó a debutar en Roma con una ópera suya.

A pesar de que los *castrati* eran conocidos por una agilidad vocal endiablada que les permitía dar cientos de notas por minuto, como si fueran mecanógrafos al borde de un ataque de nervios, la piedra de toque que distinguía al artista eximio del mediocre cantamañanas era la *messa di voce*. Porpora le pedía al *castrato* que emitiera una sola nota en *pianissimo* y que fuera luego aumentando gradualmente el volumen, en un solo aliento de voz (*fiato*) para, sin solución de continuidad, ir disminuyendo de nuevo hasta el *pianissimo*. El castrato tenía que demostrar en la *messa di voce* un control absoluto del volumen, mediante la dosificación del aire, sin alterar ni la entonación, ni el timbre, ni el vibrato. Una vez que había demostrado que dominaba la *messa di voce*, Porpora le *daba el alta* a su atleta canoro y éste salía a comerse el mundo en los teatros de ópera de Bolonia, Venecia o Múnich.

Como en los países protestantes no se castraba ni siquiera de forma soterrada, en Gran Bretaña se dedicaron a importar *castrati* de Italia como si fueran Ferrari o Lamborghini. Su precio no debía de ser muy inferior al de estos costosísimos automóviles porque un *castrato* de primera fila podía llenarte el teatro muchas temporadas seguidas. Händel comprendió en Londres que su excelso arte como compositor no era suficiente para atraer en masa a los espectadores y se gastó sus buenas libras en traer a su teatro estas exóticas aves canoras, la más famosa de las cuales fue Senesino.

El momento de gloria del *castrato* era la llamada *aria da capo*, en la que el cantante cantaba primero, respetando la melodía del compositor, la parte A, luego entonaba también sin demasiadas florituras una parte B y, al volver a A, se desmelenaba con toda clase de filigranas y pirotecnias vocales. Tenían tal éxito sobre el escenario que se les subía pronto a la cabeza y acababan convertidos en divas intratables. Händel, que no era precisamente un modelo de corrección política, chocó casi desde el principio con su estrella Senesino, y éste, en venganza, montó otro teatro para hacerle la competencia, contratando para que le escribiera las arias a su exmaestro Nicola Porpora.

El lector se preguntará sin duda cómo hacía la Iglesia, que había anatemizado la mutilación genital, para poder fichar a *castrati* en las dos capillas vaticanas, la Sixtina y la Giulia (la primera para actos del papa, la segunda para liturgias en las que el pontífice no está presente). Los padres del niño tenían que contarle al director del coro que el chaval había sufrido un accidente o había tenido que operarse de hernia inguinal, de resultas de lo cual, y como efecto colateral, había perdido su masculinidad. Y los directores de los coros católicos, año tras año, a lo largo de más de dos siglos, pusieron cara de tontos y admitieron las disparatadas explicaciones que les daban los padres. El papa Francisco excomulgaría hoy a cualquier religioso que hubiera hecho la vista gorda ante semejante mutilación.

Pero no eran sólo los obispos de la curia romana o los públicos británicos los que enloquecían con los *castrati*. Un compositor del talento de Gioacchino Rossini se retiró de la ópera en su momento de mayor gloria en gran parte porque los *castrati* empezaron a caer en desuso a mediados del XIX y para él dejó de tener sentido componer para otro tipo de cantante:

Nunca los he olvidado. La pureza, la milagrosa flexibilidad de sus voces y, por encima de todo, la capacidad de penetración de su voz, me han conmovido y fascinado más de lo que pueda expresar con palabras.

Acostumbrado a escribir para estos superatletas canoros, Rossini dejó óperas de tal dificultad vocal que desde mediados del XIX hasta la década de los 70, muchas de sus óperas resultaron muy difíciles de escenificar, por falta de intérpretes que dieran la talla. Tuvo que llegar una generación de cantantes del talento de Giulietta Simionato o Fiorenza Cossotto para hacer justicia a estas piezas endiabladas.

Hay un restaurante en Madrid llamado La Castafiore donde los camareros son estudiantes de *bel canto*. Mientras te sirven los platos, te cantan un aria de ópera o el coro de *La traviata*. Si vas a contarle a tu pareja el rollo de los *castrati*, ése es el escenario idóneo para tu «operación ópera».

31.
¡QUE PA ESO SOY GITANO!

Las dos últimas piezas que voy a comentar (con ellas daré el alta al lector posturista y lo consideraré apto para lanzarse a la seducción musical) son especialmente románticas. En un texto sobre postureo con fines eróticos me parecen muy indicadas.

La primera, el *Nocturno número 3* de Franz Liszt, basado en un poema alemán que empieza diciendo «¡Oh, ama mientras puedas!», es romántica ya desde el título. La segunda, el adagio del *Concierto para oboe* de Alessandro Marcello es literalmente desgarradora, sobre todo para los *carrozas* como yo (en los años 70 se llamaba así a quienes ahora son *viejunos*) que lloramos a lágrima viva con la película de Enrico María Salerno *Anónimo veneciano*. El año 1970 fue un año muy jodido para los enamoradizos porque se estrenaron dos películas donde uno de los enamorados cascaba al final de la historia. En *Love Story* la diñaba Ali MacGraw y en *Anónimo veneciano* lo hacía Tony Musante. A veces sueño con una secuela de las dos películas en la que Ryan O'Neal viaja a Italia y se enrolla con la superviviente de la otra pareja, Florinda Bolkan.

El nuevo romance termina en empate, es decir, cascan los dos. Fin del amor.

Si lo más atractivo de Haydn era su sentido del humor, lo que más engancha de la de Liszt es su generosidad. No vamos a decir que fuera un manirroto porque sería faltar a la verdad, pero sí que se volcó con sus alumnos y amigos y donó cantidades ingentes de dinero a las más variadas causas. La familia de Liszt era de pueblo, pueblo. Raiding, la aldea en que nació, tiene hoy menos de mil habitantes. Imagine el lector lo que sería ese villorrio en 1811, año de nacimiento del pequeño genio: imposible ofrecerle allí una formación musical medianamente aceptable.

Cuando el padre de Liszt lo sacó de ese poblacho y se lo llevó a Viena para que recibiera clases de piano y composición, tuvo dos maestros de primera fila, pero ninguno de los dos quiso cobrarle por las clases. De piano, le dio lecciones nada menos que Carl Czerny, que había sido discípulo de Beethoven. Los fundamentos de la composición los aprendió de Antonio Salieri, el pérfido envidioso de *Amadeus* que en la película de Milos Forman odia a Mozart hasta el punto de querer asesinarlo y que en la realidad se llevó con él casi tan bien como Serrat con Sabina durante la gira Dos Pájaros de un Tiro. Salieri puso en cartel *Le nozze di Figaro* al ser nombrado maestro de capilla de la corte imperial, cuando podría haber dado preferencia a una de sus propias óperas e incluso llegó a componer una cantata para voz y piano al alimón con Mozart, llamada *Per la ricuperata salute di Ofelia*.

Carl Czerny no sólo le dio clases gratis a Liszt, sino que le facilitó una experiencia por la que incluso los no músicos habrían pagado una fortuna: lo llevó a conocer a Beethoven con once años.

El relato es tan enternecedor que merece la pena transcribirlo.

Tenía once años cuando mi admirado maestro Carl Czerny me llevó a conocer a Beethoven. Ya le había hablado de mí hacía tiempo y le había pedido que me escuchara, pero Beethoven sentía tal rechazo hacia los niños prodigio que una y otra vez se había negado a recibirme. Al final, el infatigable Czerny lo convenció y fuimos una mañana a visitarlo.

Beethoven estaba sentado frente una mesa larga y estrecha, junto a una ventana. Nos escrutó a ambos con cara de pocos amigos y luego cuchicheó unas palabras con Czerny hasta que éste me indicó que me sentara al piano. Primero toqué una breve pieza de Ries y Beethoven me preguntó al terminar si podía tocar una fuga de Bach. Elegí la fuga en do menor de *El clave bien temperado*.

—¿Podrías trasponer la fuga ahora mismo a otra tonalidad? —me preguntó Beethoven.

Afortunadamente, sí pude.

El maestro se acercó a mí, me puso la mano en la cabeza y me sacudió el pelo varias veces.

—¡Diablo de chico, menudo arrapiezo estás hecho!

Esto me dio fuerzas para preguntarle si podía tocar algo suyo. Beethoven asintió con la cabeza y sonrió. Toqué el primer movimiento de su *Concierto en do mayor*.

Cuando terminé, Beethoven me cogió las dos manos, me dio un beso en la frente y me dijo con dulzura:

—Eres un chico alegre, llevarás la alegría y la felicidad a mucha gente. No hay nada más grande que eso.

La misma generosidad de la que se benefició Liszt en su juventud la volcó él luego en la madurez, impartiendo clases de piano de manera desinteresada a todo alumno con talento que solicitara sus consejos y donando las ingentes cantidades de dinero que había acumulado en sus giras a causas humanitarias: desde hospitales a escuelas, pasando por conciertos benéficos para la reconstrucción de la ciudad de Hamburgo, que había sido asolada por un pavoroso incendio que se prolongó durante tres semanas.

Sobre su antisemitismo ha habido intoxicación a raudales, debida en parte a su excelente relación con Richard Wagner, que sí era antisemita, y a una serie de comentarios desafortunados que su segunda mujer, Carolyne zu Sayn-Wittgenstein (antepasada del exmarido de Corinna) incluyó en la segunda edición del libro *De los bohemios y su música en Hungría*. Pero en 1860, por ejemplo, Liszt aceptó dar un concierto en la ceremonia de inauguración de la sinagoga de Budapest, la más importante de toda Europa por aquel entonces. Un antisemita habría considerado incluso un insulto que los judíos lo invitasen a tocar allí. Sabemos los nombres y apellidos de los amigos judíos del húngaro: Moritz Rosenthal, Carl Tausig, Hermann Levi... ¿Acaso no son éstas pruebas suficientes de que Liszt no sólo no tenía nada contra el pueblo elegido, sino que, al revés, era prosemita?

Veamos cómo se originó la leyenda y la visión un tanto paternalista que el húngaro tenía de la cultura romaní.

Listz publicó un libro sobre la música de los gitanos húngaros donde hacía una afirmación que pronto se demostró falsa: la música autóctona de Hungría era la música zíngara. Esto levantó ronchas en todo el país, que sintió como una herida narcisista que un húngaro que ni siquiera hablaba la lengua magiar se permitiera teorizar acerca de una supuesta dependencia cultural de los romaníes. Como demostraron más tarde Bartók, Kodaly y otros etnomusicólogos, la apreciación de Liszt era incorrecta, pero se debió a un error sin malicia. El compositor había escuchado toda su vida la música folclórica de su país en versión de los zíngaros y llegó a formarse la idea de que era creación suya. Lo cierto es que su interés por estas melodías era genuino y que Liszt llegó a realizar trabajo de campo en las zonas por las que nomadeaban los gitanos.

Su relación con ellos fue de paternalista ilustrado, en el sentido de que quería hacerles hacer por su bien actos a los que los gitanos no estaban dispuestos. Liszt, por ejemplo, se indignaba cuando los músicos romaníes intentaban cobrarle dinero por enseñarle sus tonadas, para analizarlas en su libro. «Su arte es un don de Dios —se rebelaba el compositor—, de modo que no deben ponerle precio a todo cuanto se les pide.» Esto lo decía el hombre que probablemente más dinero haya ganado en la historia de la música con sus conciertos, de los que llegó a ofrecer más de mil. La fortuna de Liszt llegó a ser tan astronómica que se la gestionaban desde un banco francés nada menos que los Rothschild. Pero él estaba obsesionado con que los gitanos colaboraran *gratis et amore* en su tratado musicológico y que le cedieran por la patilla los secretos de sus técnicas violinísticas.

Aunque Liszt fue un virtuoso del piano, tal vez el más completo que haya pisado jamás un escenario, fue gracias al violín como se convirtió en una superestrella del teclado, ya que en su juventud cayó subyugado ante el arte y el magnetismo escénico de Niccolò Paganini. Después de asistir a uno de sus conciertos benéficos en París, el húngaro salió tan extasiado que se conjuró para convertirse algún día en el Paganini del piano.

Como tratar con los zíngaros *in situ* se demostró una tarea exasperante, Liszt decidió invertir la estrategia. No sería él quien se acercara a los carromatos en los claros de los bosques magiares, sino que sacaría a los zíngaros de su contexto. Convertido en una especie de Pigmalión musical *avant la lettre*, Liszt secuestró a un gitanillo de 12 años que parecía darse mucha maña con el violín y se lo llevó a su residencia en París. Su pretensión era enseñarle a leer una partitura para que pudiera también pasar a papel pautado las cautivadoras melodías que parecían brotarle espontáneamente de los dedos cada vez que agarraba el instrumento. El experimento a lo Bernard Shaw acabó, a diferencia del de Eliza Doolitle, como el rosario de la aurora. Liszt empezó a indignarse porque el muchacho sólo quería divertirse y se negaba a estudiar:

Su naturaleza entera está dominada por el orgullo. Sólo quiere robar lo que le plazca, meter mano a las chicas y romper todo objeto del que no comprenda el mecanismo. Un día le di cinco francos para que se comprara algo de ropa y se lo gastó en el acto en comida, bebida y en irse con mujeres.

De nuevo llama la atención que Liszt se indigne tanto por el desenfreno del chaval en la comida y la bebida cuando él mismo, en diferentes etapas de su vida fue un fumador y bebedor empedernido. Sus problemas con el alcohol, que probablemente acabaron costándole la vida, empezaron en la adolescencia. Su padre, que le había enseñado las primeras nociones de piano y llevado a Viena para que se formara con los mejores, falleció cuando tenía 16 años. El mazazo emocional fue tan brutal que Liszt estuvo a punto de ordenarse sacerdote (en la esperanza de que la fe volviera a darle sentido a su existencia) pero fue disuadido por su propia madre, con la que se marchó a vivir a París. Tal vez Viena le trajese demasiados recuerdos de su venerado padre.

Durante los cinco años siguientes, Liszt vivió en una depresión continua y dejó de dar conciertos por completo. Para mantenerse a sí mismo y a su madre, se dedicó a dar clases de piano y composición de la mañana a la noche. Pero como sus alumnos, que evidentemente no eran nobles y no podían pagarle mucho, vivían a veces muy alejados unos de otros, Liszt tuvo durante años que recorrer a pie enormes distancias (así estaba tan delgado en su juventud), con lo que comenzó a llevar unos horarios muy irregulares que, unidos a su abatido estado de ánimo, lo condujeron a abusar de la bebida y del tabaco.

Es curioso observar cómo esta profunda tristeza que atormentó a Liszt durante sus años de adolescencia regresó en la senectud. Hacía 1860 había perdido ya a dos de sus tres hijos: Daniel, que se consumió de tisis con solo 19 años y Blandine, que falleció en el parto a los 26. Además de la insoportable cruz de haber sobrevivido a dos de sus hijos (algo realmente aterrador para cualquier padre), Liszt empezó a sentirse atormentado también por la muerte de muchos amigos y artistas a los que admiraba y añoraba. Durante toda su vida, la bebida no pareció hacer mella en su manera de hablar ni de tocar el piano, pero a partir de 1882 empezó a consumir absenta, «el diablo verde», como la llamaban algunos, tal vez el mejunje alcohólico más tóxico que haya destilado el ser humano. A partir de ciertas dosis, que sin duda fueron rebasadas de largo por Liszt, la absenta produce alucinaciones debido a que la mezcla incorpora una especie de alcanfor llamado tujona que afecta al sistema nervioso.

Pero regresemos al antisemitismo.

Tras su separación de Marie D'Agoult, con la que mantuvo una tormentosa historia de amor de la que pronto hablaremos, su segunda mujer (con la que nunca logró casarse) fue una aristócrata católica polaca de nombre muy parecido a la más célebre de las amantes de Juan Carlos I: Carolyne zu Sayn-Wittgenstein. Polonia era por entonces una provincia rusa y hasta la llegada de Adolf Hitler no hubo antisemitas más implacables que los rusos. Cuando Carolyne, que era periodista y ensayista, revisó el libro de Liszt sobre la música zíngara, coló varios párrafos antisemitas, en los que afirmaba que los judíos eran un pueblo sin creatividad, que se limitaba a parasitar las melodías de las tierras que los acogían. Toda la leyenda antisemita de Franz Liszt tiene su origen en estos pasajes que más tarde fueron retomados por Wagner y después por Adolf Hitler.

Y ahora, como diría Raphael, hablemos del amor una vez más.

El *Nocturno número 3*, incluido en el disco que acompaña a este libro, pertenece a una colección de tres *lieder* llamada *Sueños de amor* basada en sendos poemas dedicados al amor en sus distintos estados. Aunque las canciones se llegaron a grabar, se han hecho más populares las versiones para piano solo, en las que la mano derecha del pianista lleva la melodía del cantante.

El primer nocturno está dedicado al amor religioso, el segundo al amor carnal y el tercero, que es el que nos interesa aquí, a la necesidad de amar hasta el final para que la vida cobre algo de sentido.

¡Oh, ama mientras puedas!
¡Oh, ama mientras te dejen!
Porque llega la hora, llega la hora
en que estarás entre tumbas y llorarás.

Si llegara a ser ésta la pieza que suena durante la cena romántica, podrás decir, en plan postureo erótico-musical, que tiene
estructura de coito. Primero se expone el tema de forma tierna
y sencilla (el juego erótico previo a la penetración), luego hay
una cadencia bastante enrevesada que desemboca en la segunda parte, que es la más extensa y corresponde a la coyunda pro-
piamente dicha, con un clímax espectacular que te dejará completamente satisfech@ y relajad@) y, finalmente, una segunda
cadencia virtuosística que conduce hasta la tercera parte, equivalente a lo que Woody Allen llama «los cariñitos de después».

32.

EL APORREADOR DE PIANOS

Mucho y mal se ha escrito acerca de la vida sentimental de Franz Liszt. De que era alto, guapo y delgado no cabe la menor duda, no hay más que ver los cuadros de la época: una especie de Juan Diego Botto sin barba y con una media melena que para sí la habría querido el león de la Metro-Goldwyn-Mayer. Que tenía éxito con las mujeres tampoco se pone en tela de juicio, enseguida veremos en qué consistió el fenómeno de la lisztomanía. ¿Pero era un fornicador compulsivo? ¿Se acostaba con la primera que se ponía a tiro? El único indicio que tenemos para responder a esta cuestión es que Liszt nunca contrajo la sífilis. Mozart, Beethoven, Paganini, Schubert, Schumann, Smetana, Delius: todos ellos se contagiaron (hasta donde podemos tener certeza) de esa enfermedad venérea para la que no había un remedio definitivo en los siglos XVIII y XIX ya que no existían los antibióticos. Liszt, en cambio, con todo lo sexi que era y con la pasión (por no llamarlo delirio) que despertaba en los públicos de Europa entera, nunca tuvo ese problema. Hay razones para pensar que Liszt fue bastante monógamo. Es posible que su profunda religiosidad (acabó tomando los votos menores en su madurez) le hiciera no tomarse el amor carnal tan a la ligera como algunos de sus colegas o tal vez fuera simplemente un aprensivo con tanto pánico a la sífilis como el que experimentamos nosotros en las décadas de los 80 y 90 en relación con el sida, años en que uno se lo pensaba dos y hasta tres veces antes de echar una canita al aire.

Sus dos grandes amores, Marie y Carolyne, fueron dos cultivadas aristócratas que le duraron once años la primera y casi quince la segunda. Fueron relaciones muy pasionales, con desencuentros ocasionales más achacables a sus frecuentes y prolongadas ausencias profesionales (a ningún amante, hombre o mujer, le gusta sentirse desatendido) o a discrepancias emocionales, que a infidelidades acreditadas.

La condesa D'Agoult y Liszt se enrollaron en 1834 (aunque se habían conocido dos años antes) y lo dejaron de forma definitiva, tras muchas idas y venidas, en 1844. Es posible que la primera gran separación, que ocurrió en 1839, se agravara por el romance que Liszt mantuvo con una bailarina, pero esa *liaison* no fue la causa, sino el síntoma de lo deteriorada que estaba ya la relación. Como el idilio con Marie estaba prácticamente agotado, Liszt buscó refugio en otra mujer.

Marie tenía un carácter impulsivo y fogoso, el de Liszt por el contrario era atormentado y melancólico. Además, la idolatría de la condesa hacia su amante la llevó a querer monopolizar su compañía, lo que sin duda debió de convertir la relación en asfixiante. Juntos tuvieron tres hijos (más las dos niñas que Marie aportaba de su primer y desgraciado matrimonio con Charles Louis Constant, conde D'Agoult).

Pero basta de llamar a esta mujer por el apellido de su decepcionante marido. Ella era Marie Catherine Sophie de Flavigny, hija del vizconde Flavigny, y se crio a caballo entre Fráncfort, donde había nacido, y París, donde completó sus estudios en un convento. Marie fue novelista y ensayista y escribió todas sus obras con el seudónimo de Daniel Stern. Además de eso, firmó muchas veces artículos sobre música con el nombre de Franz Liszt (con el consentimiento expreso de su pareja). Éste le presentó a Chopin y otros artistas del círculo parisino en que se movía y ella reorientó su creatividad porque a partir de 1834 la producción del húngaro dio un giro copernicano.

Chopin, que envidiaba la garra con la que Liszt tocaba sus mazurcas y valses, se hizo tan fan de la condesa que le dedicó sus *Doce estudios opus 25*.

Y ahora vamos con los detalles del romance, que para eso está sonando *Sueño de amor*.

La condesa y el pianista melancólico se conocieron cuando ella tenía 27 y él 21 años, durante una *soirée* musical celebrada en casa de una aristócrata parisina. A partir de ese momento, ella empezó a alborotarlo y lo invitó varias veces a sus propias veladas, pero Liszt al principio se resistió a frecuentar su compañía cual gato húngaro panza arriba. No olvidemos que ella estaba casada y con dos hijos y Liszt preveía serios problemas en caso de que se enrollaran. Empezaron a cartearse y a mantener vehementes conversaciones sobre arte y literatura y Liszt empezó a enamoriscarse y a inventar apodos cariñosos para ella en las cartas. El creciente sentimiento de atracción por esta formidable mujer puso en funcionamiento el péndulo emocional de Liszt, que empezó a dudar de si fugarse con ella o meterse a fraile (idea con la que ya había coqueteado en la adolescencia). Vino entones un año de reflexión para ambos, motivado entre otras cosas porque a Marie se le murió una de sus dos hijas, hecho que como es lógico la sumió en una depresión terrorífica. Transcurrido este dificilísimo duelo, la condesa y el pianista melancólico se reencontraron y decidieron fugarse a Suiza. A esta peliaguda decisión contribuyó un pequeño detalle: ella se había quedado embarazada.

Se conserva una carta de Marie a su marido prometiéndole que su nombre no saldrá nunca a relucir; en ella le dice también que confía en que él haga lo mismo y no la ridiculice ni la humille durante su ausencia en las reuniones sociales.

Cuando comenzaron a llegar los hijos se planteó un problema: Marie, que estaba casada, no podía revelar su verdadero nombre en el Registro Civil porque según la ley de entonces, los hijos habrían sido de ella y del conde D'Agoult. Esto le producía escalofríos a su marido porque significaba que la herencia de Claire, la única hija superviviente, estaba en peligro, al tener que compartirla con los hijos de su rival. Así pues, a todos los efectos, los tres hijos que tuvieron Liszt y la condesa fueron (legalmente) sólo hijos del padre. En 1836 (es decir, al año de nacer Blandine, la primera hija) empezaron las quejas de Marie por las prolongadas ausencias de Liszt debidas a sus giras internacionales. La pareja necesitaba dinero y la única manera de conseguir mucho y rápido era mediante los conciertos. Los morros por los *tours* europeos del húngaro empezaron a convertirse en cada vez más frecuentes y ella empezó a usar técnicas diversas para retenerlo a su lado o, cuando menos, para que se sintiera culpable si no lo hacía. Algunas veces le hacía llegar, a través de terceros, que no se encontraba bien, otras mencionaba en las cartas a hombres que la estaban cortejando, para hacer que Liszt se sintiera celoso, algo que nunca consiguió. En ese sentido, Liszt era como el Clark Gable de *Lo que el viento se llevó*, y cuando ella sacaba a colación que el embajador tal o el conde cual bebía los vientos por ella, su respuesta solía ser del tipo «francamente, querida, eso no me importa».

Aunque ya hemos dicho que el húngaro no fue un fornicador compulsivo a lo Julio Iglesias (que presume de haberse acostado con unas tres mil mujeres), tuvo sus romances extraparejiles, entre otras cosas porque la presión de las *groupies* por llevárselo a la cama era insoportable. Liszt era un máquina en el escenario, sus conciertos eran *shows* inolvidables para quienes tenían la suerte de poder pagar la entrada para verlo. Su segunda mujer, la polaca Carolyne zu Sayn-Wittgenstein lo conoció tras un concierto benéfico en Kiev, para el que donó la friolera de cien rublos, el equivalente a seis mil dólares de ahora. Intrigado por la identidad de la persona que había donado semejante dineral, Liszt hizo las averiguaciones pertinentes y surgió el flechazo.

El tipo de espectáculo que Liszt ofrecía a sus seguidores era casi pre Fura dels Baus.

Si Beethoven rompía de vez en cuando las cuerdas de sus pianos durante sus recitales, Liszt directamente los partía por la mitad. Es cierto que los pianos de entonces no tenían la robustez de los de ahora, pero aun así era tal el vigor con el que aporreaba las teclas que muchos quedaban bastante perjudicados tras sus exhibiciones de fuerza. No olvidemos que el piano es un instrumento de cuerda, pero también y al mismo tiempo un instrumento de percusión. No es lo mismo atizarle a una tecla con el peso de la mano y el antebrazo que con el hombro y el brazo entero. Es posible incluso que en algunos pasajes se levantara del taburete, como Keith Jarrett, para despacharse a gusto y golpear con todo el cuerpo, como los boxeadores.

Las estrellas del rock progresivo de los 70, como el recientemente fallecido Keith Emerson (de Emerson, Lake & Palmer) o Pete Townshend (el guitarrista de los Who) destruían sus instrumentos en el escenario voluntariamente. Emerson, por ejemplo, acuchillaba su piano al final de los conciertos y Townshend hacía añicos su guitarra eléctrica contra los amplificadores. Los británicos consideran tan representativas de la cultura pop las guitarras destrozadas por el londinense que en el Victoria & Albert Museum se exhibe una de sus Gibson Les Paul a la que le falta la mitad superior del mástil.

A Liszt no le hacía falta llegar a semejante exceso porque eran los relativamente enclenques pianos de la época los que no le aguantaban el combate entero; razón por la cual se hacía colocar en el escenario, si había disponibilidad, dos teclados, uno enfrente del otro. El húngaro entraba resuelto a su particularísimo *ring* musical, se quitaba los guantes, los tiraba al suelo y comenzaba la exhibición. Había copiado la puesta en escena de Paganini, cuyas hipnóticas actuaciones había tenido ocasión de contemplar hacía años en París. Paganini tenía un carisma tan irresistible que era capaz de crear espectáculo con tan sólo un violín. Se ha relatado hasta la saciedad cómo se las arreglaba para que las cuerdas de su fabuloso *cannone* (tal era el apodo de su Guarneri del Gesù) fueran saltando una por una a medida que avanzaba el recital, hasta quedarse con la más delgada, con la que lograba terminar el concierto.

Todos tenemos más o menos claro cómo empezó el psicoanálisis ¿verdad? Fue en la Europa central, con el doctor Freud tratando a mujeres presuntamente histéricas que llevaban hasta su consulta delirantes historias de abusos y seducciones familiares. La represión sexual a mediados del XIX era tan fuerte que, para no sentirse culpables por aquello que deseaban, las damas a veces daban satisfacción a sus impulsos sexuales mediante fantasías que ellas relataban como recuerdos de escenas acaecidas realmente. Es decir, Freud descubrió que las fantásticas historias que le contaban sus pacientes no habían sucedido de verdad, sino que eran deseos inconscientes, transformados en reminiscencias de un pasado que nunca había sucedido. No eran la condesa Mengánez o la princesa Perengánez las que habían sentido deseos de acostarse con su padre o con su hermano, sino que, en su calenturienta imaginación, eran éstos quienes habían tratado de aprovecharse de ellas cuando eran pequeñas.

En la película *Matar a un ruiseñor*, la hija del granjero que ha intentado tener relaciones con el jardinero negro se siente tan avergonzada y culpable que llega a persuadirse a sí misma de que ha sido éste el que ha abusado de ella.

Viene esto a cuento para explicar el fenómeno bautizado por el poeta alemán Heinrich Heine como lisztomanía. Cuando una sociedad está muy reprimida, la locura acaba apareciendo por un lado o por otro.

Las fans del pianista melancólico se volvían literalmente locas ante su sola presencia. Trataban de rodearlo a la salida del hotel, de arrancarle mechones de pelo (Liszt tenía una cabellera espectacular), peleaban a muerte por sus guantes y pañuelos y, cuando se rompía alguna cuerda de su piano, se abalanzaban como locas a por ella, para convertir el preciado tesoro de metal en un brazalete o en un collar. Las más metódicas y obsesivas se agazapaban en las mesas de los cafés a esperar a que su ídolo acabara su consumición y, cuando éste abandonaba la mesa, se acercaban con un frasquito para guardar dentro los posos de la infusión. Se cuenta incluso el caso de una tarada que llegó a recoger una de sus colillas (Liszt era un fumador empedernido), la guardó en un relicario y se dedicó luego a exhibirse en sociedad con el apestoso trofeo colgando en el escote.

Si unimos la magnética personalidad del húngaro al hecho de que una buena parte del dinero que ganaba en los conciertos lo donaba a causas benéficas, se puede llegar a entender por qué este artista despertaba semejante furor entre las damas.

33.

EL SONIDO DEL MACHO CABRÍO

Al igual que hoy es frecuente ver que a tal artista lo patrocina Yamaha o a tal otro lo esponsoriza Fazioli, en el París de mediados del XIX había también dos grandes fabricantes de pianos que se repartían el mercado con la inestimable ayuda de los pianistas de moda. Pleyel era la marca favorita de Chopin, mientras que Erard, que hacía pianos más robustos y de mayor potencia sonora, era la opción de Liszt.

Sebastian Erard había diseñado, a principios del siglo XIX, una mejora del mecanismo del piano que resultó providencial para el estilo exhibicionista de Liszt: el doble escape. El francés añadió una pieza por debajo del macillo que permitía volver a tocar una nota antes de que éste regresara a su lugar de reposo. El piano pasó de ser un primitivo fusil de cerrojo a convertirse en una ametralladora.

El invento de Erard hizo posible que el pianista pudiera repetir la misma nota a una velocidad endiablada para extasiar al respetable con trémolos y trinos vertiginosos. La potencia del piano de Erard, unida al hecho de que Liszt dejaba abierta al máximo la tapa de resonancia para proyectar sus vigorosos sonidos sobre el boquiabierto público decimonónico, convertía los recitales del húngaro en el equivalente de un macroconcierto de rock, en el que una torre de amplificadores vomita miles de vatios sobre el enloquecido auditorio.

Liszt fue además el primer artista internacional en tocar todo el concierto de memoria, sin partitura en el atril, lo que antes de su llegada estaba considerado incluso de mal gusto porque era como si el intérprete diera a entender que era él quien estaba improvisando la música. Frente a las flamígeras demostraciones de virilidad del húngaro en grandes auditorios, los momentos íntimos, llenos de ternura y delicadeza, del mucho más enclenque Frederic Chopin.

El polaco dejó escrito por qué prefería el Pleyel al Erard:

Cuando estoy bajo de tono, toco en un Erard, donde me encuentro el sonido ya hecho. Pero cuando estoy en buena forma y me siento con fuerzas para encontrar mi propio sonido, necesito un piano Pleyel.

Chopin consideraba que el Pleyel era un instrumento capaz de ofrecer matices mucho más sutiles que el Erard, cosa que también reconocía el propio Liszt. El húngaro admitía que un Pleyel daba lo mejor de sí mismo cuando estaba en manos del polaco, como reconocimiento implícito de que él en cambio carecía de la paciencia o de la sofisticación necesaria para extraer petróleo de un instrumento tan refinado. El lector se preguntará sin duda, y si no lo hace ya me lo pregunto yo por él, por qué si el pianista no tiene contacto directo con las cuerdas, sino que se limita a golpearlas con un macillo que acciona desde un teclado, existen tantas diferencias entre el sonido de un pianista u otro. En primer lugar hay que aclarar que a partir de una cierta intensidad en el golpeo, el timbre de un piano deja de ser bonito, redondo y compacto y pasa a ser duro, distorsionado y lleno de aristas. Con la voz pasa lo mismo: berrear en vez de cantar nos alejará aún más de Frank Sinatra para acercarnos a un borracho en San Fermín.

No es lo mismo atizarle a una tecla cayendo en picado sobre ella desde un metro de altura, como sin duda hacía Liszt en sus exhibiciones, que accionarla (aunque sea con toda la fuerza de hombros y brazo) desde la posición en que los dedos ya están en contacto con el teclado. Hay que tener en cuenta que cuando un pianista da un acorde, aunque las notas suenen de manera simultánea, el pianista puede elegir a qué nota del acorde da prevalencia. ¿Al bajo? ¿A la nota más aguda? ¿A una voz interior? Si uno deja simplemente caer la mano para dar el acorde, como quien pega un puñetazo sobre la mesa, la posibilidad de ejercer algún tipo control sobre el sonido es prácticamente inexistente.

Esta reflexión nos lleva al meollo del asunto, concepto que explica también por qué cualquier vals de Chopin será siempre música más refinada y rica en matices que cualquier rocanrol de Jerry Lee Lewis. La clave del sonido de un pianista no está tanto en el modo en que pulsa cada tecla individualmente sino en cómo hace que las notas se relacionen entre sí dentro de la frase musical. ¿Conviene dar más intensidad a las notas más largas para que no se apaguen demasiado pronto? ¿Hay que tocar las notas más agudas de la frase a mayor volumen que las graves, para compensar que el sonido muere antes? A esto se refería Chopin con la afirmación de que el Pleyel lo animaba a buscar su propio sonido. Todas estas sutilezas, en un tanque como el Erard, estaban fuera de lugar.

No es de extrañar que Liszt ofreciera una irresistible imagen de virilidad sobre el escenario. Además de un estilo más percutivo y agresivo que cualquier otro pianista de la época, al húngaro le ayudaba el sonido del propio instrumento que había elegido. Yo mismo heredé un Erard de concierto de comienzos de siglo (de una antepasada mía que había sido profesional) y, aunque el piano estaba muy deteriorado y no logré finalmente ponerlo en condiciones, pude deleitarme con algunas peculiaridades de su sonido. Lo que más me llamó la atención fue la increíble rotundidad de sus bajos. Un Erard de concierto medía, a mediados del siglo XIX, unos dos metros cincuenta, mientras que el Pleyel de entonces apenas superaba los dos metros. Las cuerdas de los bajos del Pleyel eran hasta medio metro más cortas que las de un Erard; por eso este instrumento tenía una sonoridad en el registro grave que un músico amigo mío denominó una vez como «de macho cabrío».

34.

LA PRINCESA Y EL PIANISTA MELANCÓLICO

La fama de Liszt como concertista fue inmensa en toda Europa a partir de 1839, que es cuando empezó su época de «ejecución trascendental», así denominada por los musicólogos en honor a unos endiablados estudios para piano del mismo nombre. El húngaro llegó a ofrecer más de un millar de conciertos y tras uno de ellos conoció a la que se iba a convertir en su segunda «pareja de toda la vida», la aristócrata polaca Carolyne zu Sayn-Wittgenstein

Carolyne Iwanowski se había casado con tan sólo diecisiete años, por mandato paterno, con el príncipe Nikolaus zu Sayn-Wittgenstein, le había dado una hija, se había sentido completamente desgraciada en su matrimonio y se había retirado luego a la residencia familiar de Voronice (Ucrania) a vigilar el negocio familiar (su padre era un terrateniente inmensamente rico) y a estudiar Literatura y Filosofía. A diferencia de Marie D'Agoult, que era seis años mayor que Liszt, Carolyne era siete años más joven. El cuartel general de la familia estaba en Ucrania (el granero de Europa) porque los Iwanowski eran cultivadores de trigo y poseían catorce latifundios, en los que, en la época de mayor esplendor, llegaron a tener empleados a treinta mil siervos de la gleba. Estos braceros trabajaban a cambio de ser mantenidos por el amo, en una relación feudal con él, y adoraban a la princesa hasta el punto de que cuando ésta anunció, a la muerte del padre, que iba a vender sus tierras, los siervos se mostraron dispuestos a trabajar a doble jornada, con tal de seguir siendo de su propiedad.

Además de una muy competente escritora, la princesa era un hacha para los negocios, talento que heredó de su progenitor.

En 1847, con 28 años, hizo un viaje de doscientos cincuenta kilómetros en trineo con su padre (desafiando a los lobos, a la ventisca y al hielo), en el que recorrió buena parte de sus posesiones, diseminadas por Rusia, Ucrania y Lituania. La Princesa no era fácil de engañar. Llevó a los tribunales a tres de sus primos, que habían intentado quedarse con todo el «tenderete» familiar haciendo valer, a la muerte de papá Iwanowski, un testamento falso, y vendió a un precio inmejorable en Kiev las fincas que le había legado su padre. En diversas cartas a Liszt presume de su astucia para los negocios:

Estoy asediada por compradores que piensan que por el solo hecho de ser mujer van a poder arrebatarme mis tierras. Como no estoy dispuesta a regalarlas, sino a venderlas, los acuerdos a veces se hacen difíciles de cerrar.

En otra carta a su amante le cuenta esto:

Acabo de vender una finca por el precio más alto que se haya pagado nunca en Kiev, lo que ya está llevando a todo el mundo a decir que no soy estúpida.

Cuando sedujo a Liszt y se fugó con él a Weimar, Carolyne comprendió la amenaza que entrañaban para ella las giras apoteósicas del húngaro, en las que cualquier *groupie* decimonónica podría arrebatárselo, y lo retiró del escaparate. Convenció a su amante de que tenía que concentrarse en la composición y Liszt, complaciente, abandonó casi por completo los escenarios y dedicó los siguientes años de su (hasta entonces) ajetreada existencia a publicar una obra detrás de otra.

Además de su compañera sentimental, la princesa fue una colaboradora literaria de primer orden. La biografía de Chopin que Liszt firmó en 1852 la escribió ella de cabo a rabo. También se le atribuyen (aunque fueron firmados por el húngaro), un ensayo sobre Los *Nocturnos* de John Fields, otro sobre Schumann y la edición ampliada del estudio sobre música judía de Liszt, en el que introdujo de su cosecha varios comentarios antisemitas que dieron pábulo a la leyenda negra en torno al músico.

El gran sueño incumplido de la princesa y el pianista durante sus catorce años de relación fue el de anular el matrimonio de ella para casarse por la Iglesia. Tanto Carolyne como Liszt eran católicos y removieron mar y cielo (o más bien Roma con Santiago) para que el Vaticano les concediera la dispensa. Por fin acordaron con el santo padre que el matrimonio tendría lugar en Roma el 22 de octubre de 1861 coincidiendo con el cincuenta cumpleaños de Liszt. Pero tanto su influyente marido, el príncipe Sayn-Wittgenstein, como, sobre todo, el zar de todas las rusias, Nicolás I, lograron torpedear el enlace en el último momento y eso marcó el final del gran amor entre ambos. Siguieron comunicándose, pero su relación dejó de ser carnal, entre otras cosas porque él cumplió al fin el anhelo (surgido en la adolescencia) de convertirse en abate.

Carolyne fijó su residencia en Roma, donde escribió cientos de páginas contra una Iglesia Católica que había frustrado de manera tan cruel su más profundo deseo. El ensayo, titulado *Las razones internas de la debilidad externa de la Iglesia* contenía tantas cargas de profundidad contra la curia que fue incluido en el *Index librorum prohibitorum*, la lista de libros prohibidos por el Vaticano, en vigor hasta 1966, año en que lo abolió Pablo VI.

A su muerte, en 1886, Liszt dejó un catálogo impresionante de más de setecientas composiciones. Eso supone más que la suma de las obras de Brahms, Chopin y Schumann juntos. Ahora comprenderá mejor el lector el sentido de los versos en que se inspiró Liszt para su *Sueño de amor*.

Ama mientras puedas... ¡Seguro que no podrás si tienes que componer 700 piezas de música entre concierto y concierto!

35.

HAPPY END

La pieza que cierra mi disco es el adagio del *Concierto para oboe* de Alessandro Marcello. Los dos hermanos Marcello (había otro hermano compositor llamado Benedetto) eran nobles venecianos que ocupaban altas magistraturas en el gobierno de la Serenísima República. Alessandro era, además, diplomático y coleccionaba instrumentos musicales. Ni él ni Benedetto (a quien se atribuyó durante mucho tiempo la autoría del concierto) eran virtuosos de instrumento alguno, como sí lo fue en cambio Vivaldi, y componían en sus momentos de ocio, al igual que Tomaso Albinoni, por puro diletantismo. Eso no quiere decir que no conocieran el oficio en profundidad ya que se formaron con los mejores. Las primeras clases de violín fueron con su padre, Agostino Marcello, y luego con Francesco Gasparino, el antecesor de Vivaldi en el mítico Ospedale della Pietá; también dieron clases de composición con Antobio Lotti, organista titular de San Marcos.

J. S. Bach tenía el *Concierto en re menor* en gran estima, aunque pensaba que era de Vivaldi, e hizo una transcripción para teclado que se ha hecho casi tan famosa como la versión original para oboe y orquesta. El postureo musical al hablar de esta pieza, esa pedantería que nos puede hacer ganar muchos puntos en la cena romántica o condenarnos para siempre al ostracismo sentimental (¡pero para ligar hay que arriesgar!). Se relaciona con el acorde final del adagio. En la versión de Marcello, la pieza empieza de forma desgarradora en la tonalidad de re menor y acaba también en esa tonalidad. En cambio Bach, al transcribirla, decide darle final feliz a esta pequeña historia musical de cinco minutos resolviendo en el último momento la versión alegre del acorde, es decir, en re mayor. Esto se consigue subiendo un semitono la tercera de re menor, creando lo que en música clásica se llama «tercera de picardía». A pesar de que la expresión tiene connotaciones de travesura sexual, la picardía de la tercera no tiene que ver con el juego de la seducción erótica. A mediados del siglo XVIII, Jean Jacques Rousseau dejó escrito en su *Diccionario de música* que esta manera de poner punto final a una composición o una cadencia había sido largamente usada en la música religiosa y, dado el gran número de catedrales que había en la región de la Picardía, en el norte de Francia, la tercera tomó el nombre de esa zona. A algunos musicólogos no les acaba de convencer la explicación, pero lo que no se discute es que el músico más grande de todo el Barroco, Johann Sebastian Bach, era un gran aficionado a esta técnica. De los 24 preludios y fugas que están en modo menor en el primer libro de *El clave bien temperado*, sólo dos no acaban con tercera de picardía. Tras caer en desuso durante la época de Mozart y Haydn, esta singular tercera volvió a ponerse de moda gracias a los *Nocturnos* de Chopin, que acaban casi todos en modo mayor.

En la música abstracta (la música que no tiene función referencial ni descriptiva y que sólo obedece a su lógica interna), sólo hay un modo de venirse arriba al acabar una pieza triste: recurrir a la tercera de picardía.

BREVÍSIMO EPÍLOGO

Si has llegado, querido lector, hasta el final de este libro, puedo asegurarte que en este momento atesoras conocimientos musicales suficientes para montar una academia de postureo. ¡Pero no te fíes de la teoría! Organiza ya tu propia cena romántica y pon a prueba todas las técnicas de impostura cultural aquí descritas. A mí me han deparado un manojo aceptable de aventuras erótico-sentimentales y también (todo hay que decirlo) alguna que otra sonada, tormentosa y cruel calabaza.

SUMARIO

© Máximo Pradera, 2016
© Malpaso Ediciones, S. L. U.
c/ Diputación, 327 Ppal. 1.ª
08009 Barcelona
www.malpasoed.com

ISBN: 978-84-15996-80-4
Depósito legal: 8226-2016
Primera edición: mayo 2016

Impresión: Novoprint
Maquetación y corrección: Àtona Víctor Igual, S. L.
Imagen de cubierta: © Malpaso Ediciones

Bajo las sanciones establecidas por las leyes,
quedan rigurosamente prohibidas, sin la autorización
por escrito de los titulares del copyright, la
reproducción total o parcial de esta obra por cualquier
medio o procedimiento mecánico o electrónico, actual
o futuro –incluyendo las fotocopias y la difusión
a través de Internet y la distribución de ejemplares de
esta edición mediante alquiler o préstamo públicos.

· ALIOS · VIDI ·
· VENTOS · ALIASQVE ·
· PROCELLAS ·

Composiciones incluidas en el disco que acompaña a este libro

1. Albéniz: *Tango en re menor*
2. Albinoni: *Adagio*
3. Bach: *Concierto italiano* (andante)
4. Bach: *Partita para violín número 3* (preludio)
5. Beethoven: *Sonata para piano número 17, «La tempestad»* (allegretto)
6. Beethoven: *Concierto para piano número 5* (adagio un poco mosso)
7. Boccherini: *Quinteto para guitarra número 5* (fandango)
8. Britten: *Sinfonía simple* (playful pizzicato)
9. Chopin: *Vals, opus número 2*
10. Dvořák: *Cuarteto para cuerda número 12, «Americano»* (4.º movimiento)
11. Falla: *La vida breve* (danza número 1)
12. Gershwin: *Preludio para piano número 2*
13. Haydn: *Serenata para cuarteto de cuerda* (andante cantabile)
14. Liszt: *Sueños de amor* (nocturno número 2)
15. Marcello: *Concierto para oboe* (adagio)